내일을 키우는 교회

국제제자훈련원

국제제자훈련원

반기성 목사님과 꿈이있는교회 이야기를 함께 나눌 수 있게 되어 마음에 큰 기쁨이 있습니다. 꿈이있는교회는 숫자적으로는 아직 작은 개척교회라고 생각할지 모르지만 사실은 여러 가지 면에서 큰 교회입니다. 이 교회는 하나님 나라의 꿈과 비전이 큰 교회입니다. 사람들을 귀하게 여기고 키우는 마음이 큰 교회입니다. 한 사람의 중요성을 믿고 실천하는 영향력이 큰 교회입니다. 하나님께서 오늘 이 땅에 관심을 가지고 일하기 원하시는 일이 무엇인지 고민하며 실험하는 선교적 정체성을 가진 영적으로 성숙한 교회입니다. 옥한흠 목사님이 생전에 늘 외쳤던 한 사람 철학이 무엇인지를 보여주는 좋은 사역의 현장입니다.

제자훈련의 한 사람 철학으로 무장된 반기성 목사님이 결손가정 아이들을 하나님의 사람으로 키워가는 이야기는 비관론과 패배주의에 빠져 영적 야성을 잃어버린 많은 동역자와 성도들에게 새로운 도전과 위로를 줄 것입니다. 작지만 강한 꿈이있는교회 이야기는 본질적 사명에 충실한 교회만이 이 시대의 소망임을 다시 한 번 일깨울 것입니다. 예수 그리스도의 제자로 살아가기 원하는 모든 형제자매들에게 일독을 강추합니다.

김명호 목사 _ 국제제자훈련원 대표

반기성 목사님의 『내일을 키우는 교회』는 열악한 환경에서 청소년 사역을 시작하여 장년 목회의 알찬 열매를 보여줌으로써 한 영혼을 향한 열정이 얼마나 아름다운 열매를 얻을 수 있는지를 잘 보여주고 있습니다. 특히 가장 밑바닥에서부터 개척을 시작하고 제자훈련을 통해 복음의 영역을 확장하고 있는 목사님의 글을 읽다 보면 목회자로서 크게 공감하게 되고 그를 향해 뜨거운 박수를 보내지 않을 수 없을 것입니다.

이 책이 개척과 제자훈련에 대한 두려움을 가진 목회자와 건강한 교회를 추구하는 목회자들에게 큰 도움과 용기를 줄 것을 확신합니다.

배창돈 목사 _ 평택대광교회, CAL-NET 경기지역 대표

반기성 목사님은 자신을 가리켜 실패한 목회자라고 고백하고 있다. 그러나 실상 그는 주님의 시각으로 볼 때 성공한 목회자이다. 반목사님은 이렇게 고백한다. "나는 사람에 집중했지만, 사람의 숫자에 집중하지는 않았다."

어느 목회자인들 실패하고 싶은 목회자가 있을까? 어느 목회자가 이렇듯 시퍼렇게 소름 끼칠 정도의 진정성 있는 자기고백을 할 수 있을까?

나는 이 책에서 사역자의 눈물의 골짜기를 보았다. 또한 주의 종을 위로하시는 주님의 은혜의 손길을 보았다. 온몸 다하여 받들어 섬길 복음사역의 고매성을 보았다.

많은 이들이 목회의 대박을 꿈꾸는 영적인 경박단소의 시대에 우직하게 성도들의 영혼을 사랑하는 주님 닮은 참 목자가 얼마나 귀한가? 여러 해 동안 주 안에서 교제한 반기성 목사님과 사모님의 목회 형편을 알고 있는 나로서는 이 책을 통하여 다시 한 번 목회에 대한 강력한 자기성찰의 경고와 더불어 하나님 나라의 진정한 가치를 구현하는 목회자의 내밀한 즐거움을

경험할 수 있음을 알기에 기쁜 마음으로 동역자들에게 일독을 권한다. 이 책은 목회자의 머리로 써낸 글이 아니라 한 생명을 사랑하여 눈물과 땀으로 써낸 목회현장 일지이기에 읽는이로 하여금 지워 버릴 수 없는 공감과 감동의 현장으로 끌어 들인다.

이 책의 출판 후 한 영혼을 세우는 제자훈련의 목회철학으로 매진하는 동역자들을 통하여 또 다른 사역 현장의 진솔한 고백서가 우리의 손에 들려져 하나님 나라를 향한 거룩한 꿈을 각자의 심정에 각인시키기를 기대해 본다.

오정호 목사 _ 새로남교회 담임, CAL-NET 전국대표

저자가 이 책에서 언급했듯이 내 세대에 누릴 영광을 포기하지 않으면, 교회의 영원성은 사라집니다. 인간적인 시선으로 바라보았을 때는 절망적이고 암담할 수밖에 없는 상황에서 오직 16년 간 '한 영혼' 철학에 대한 굳은 확신을 갖고 제자훈련에 매진한 저자의 우직함에 박수를 보냅니다.

이 책은 한 '무리'의 사람을 바라보지 않고 한 '영혼'을 바라보는 제자훈련 철학이 열악한 상황에서 어떻게 뿌리내리고 열매 맺는지 생생히 보여주고 있습니다. 어려운 상황에서 고군분투하고 있는 교회와 청소년, 청년 사역의 돌파구를 찾는 교회에게 많은 위로와 격려가 될 것입니다.

이찬수 목사 _ 분당우리교회

이 책을 꼼꼼히 읽어 내려가면서 가슴속에서 벅찬 감정이 느껴졌습니다. 헌옷 장사, 컴퓨터 수리를 해 가면서도 한 사람을 제자로 세우기 위해 분투한 이야기가 담겨 있기에 저의 책상에 수북이 쌓여 있는 그 어떤 신학 이론

서보다 힘이 있었습니다. 이 책에 담긴 제자훈련의 야성적인 힘이 패배주의에 빠진 많은 사람들에게 도전을 주리라 확신하면서 일독을 권합니다.

임종구 목사 _ 푸른초장교회, CAL-NET 사무총장

캠프에 참석한 37명의 청소년 아이들이 전원 예수 그리스도를 영접한 날! 얼마나 기뻤을까?

『내일을 키우는 교회』는 추상적이고 피상적인 교회 이야기가 아닙니다. 반기성 목사님께서 16년 동안 사역현장에서 손과 발, 몸 전체로 달리며 쓴 맛, 단맛, 신맛, 짠맛을 다 겪은 희로애락이 담긴 이야기입니다. 청소년 아이 하나 하나에게 희망을 심고, 섬기고, 훈련시키면서 수많은 시행착오 속에서 얻은 하나님의 은혜들을 진솔하게 내놓았습니다.

이 책을 읽노라면 하나님의 주권적인 은혜와 성령의 주도적인 역사가 역동성 있게 살아 움직이는 것을 느낄 수 있습니다. 한 우물을 물이 날 때까지 파서 얻은 복들을 보여주고 있습니다.

성경에서 말하는 바른 교회를 세우고자 열망하는 목회자들과 목회의 본질인 사람을 세우는 일에 집중하고자 하는 분들, 그리고 청소년 목회에 기반을 두고 개척하는 목회자들에게 이 책을 적극 추천합니다.

나는 나의 사랑하는 복음의 동역자 반기성 목사님과 꿈이있는교회를 생각할 때마다 한국교회 안에 이러한 신실한 목회자와 건강한 교회가 많이 탄생되기를 기도하고 있습니다. 본질이 비본질화 되어가는 한국교회가 성경의 원리와 방법으로 속히 돌아오기를 소망하면서 이 책을 추천합니다.

최상태 목사 _ 화평교회, CAL-NET 경기지역 대표

실패한 목회자의
행복한 고백

변두리 한 모퉁이, 어느 건물 지하실에서 청소년들과 씨름하며 힘겹게 예배당을 짓고 겨우 숨돌리던 때였다. 2006년 6월 5일, 사랑의교회에서 전화가 왔다. 제자훈련 지도자 세미나 20주년 행사 초청장을 보냈으니 꼭 참여해 달라는 내용이었다. 나를 왜 부르는지 이유도 모른 채 무작정 행사에 참석했다.

한창 행사가 진행되던 중, 갑자기 내 이름이 호명되었다. 개인적으로 한 번도 뵌 적 없는 옥목사님께서 나에게 감사패를 주셨다. 꿈이있는교회가 제자훈련 모델교회로 선정되었다는 것이다. 제자훈련을 잘 해주어 고맙다는 말도 덧붙이셨다.

얼결에 감사패를 안고 돌아왔다. 집에 돌아와서야 하나님께 감사를 올려드렸다. '그동안 고생한 것에 하나님께서 이렇게 위로하시는구나' 하고 생각했다.

그후 한 번 더 옥목사님을 만날 기회가 있었다. 제자훈련 지도자 세미나에 강사로 초청받아 옥목사님과 30분 정도 교제를 나누게 되었다. 옥목사님은 그 자리에서 내가 평생 잊지 못할 말씀을 하셨다.

"반목사님, 반목사님은 좋겠습니다. 나는 목회를 하며 많은 것을 누렸고, 하나님의 복을 다 받은 것 같아요. 그러나 반목사님은 어려운 아이들과 목회를 하고 받은 것이 없으니, 하나님 나라에 가면 얼마나 상급이 크겠어요."

목사님은 그렇게 말씀하시며 나를 지그시 바라보셨다. 내 목회에 대해 진심과 사랑이 담긴 인정을 처음 받아 본 순간이었다. 이 말씀은 지금 내 마음에 깊이 박혀 목회현장에서 외로움이 몰려올 때마다 다시 되새기게 된다. 그렇게 나에게 따뜻한 격려를 전해 주시던 옥목사님이 지금 너무도 그립다.

사실 나는 '실패한 목회자'다. 매일 아이들과 떡볶이나 만들어 먹고 축구공이나 차면서 목회를 했다. 다른 사람들은 나를 보며 "그게 목회냐? 도대체 아이들만 데리고 뭘 하겠다는 거냐?"라며 조소 어린 시선을 보냈다. 어쩌다가 교회에 온 장년들은 아이들만 북적거리는 모습을 보고 잠시 머물다가 곧 떠났다. 우리 교회는 그렇게 미래가 보이지 않는 교회였다.

그래도 나는 그 아이들을 사랑했다. 교회에 나오지 않아 찾아가 보면 오락실에 앉아 있고, 교회에 나오지 않아 찾아가 보면 술집에 들어앉아 있고, 교회에 나오지 않아 찾아가 보면 집을 나가 저희들끼리 혼숙을 하고 있는 아이들이었다. 청주에서 가장 낙후된 지역의 아이들이었고, 진창에서 뒹구는 것이 곧 삶인 아이들이었다. 그런 아이들이었지만 나는 그들을 사랑했다.

그들에게 하나님의 사랑을 전했고 하나님의 말씀을 가르쳤다. 내 모든 시간과 열정과 에너지를 그 아이들에게 쏟아부었다. 하지만 그런 나의 사랑은 늘 일방적인 짝사랑이었다. 아이들은 저 편할 대로 왔다가 저 편할 대로 떠났다. 조금 가르쳐 쓸 만하다 싶으면 떠났고 진액을 쏟으며 양육을 시켜 놓으면 이성교제에 빠지면서 소리 소문 없이 사라졌다. 그런 아이들을 바라보며 나는 때때로 절망했고, 때때로 탈진했으며, 때때로 회의에 빠졌다.

청소년 목회를 하면서 나는 별의별 장사를 다했다. 차에 옷을 싣고 청주 시내 곳곳을 돌아다니며 옷을 팔았고, 컴퓨터 수리점을 차려 컴퓨터 수리도 했고, 헌옷가게를 차려 헌옷을 팔기도 했다. 아내는 17년을 교사로 일했지만 남편이 벌인 실패한 사업(?) 덕분에 퇴직금 10원 한 푼도 손에 쥐지 못한 채 교직생활을 마감했다. 빚조차 제대로 들지 않는 지하교회에서 예배를 드리고, 20-30여 명에 이르는 공동체 아이들과 함께 사느라 참으로 고단한 삶을 살았다. 이것이 나의 '초라한 목회 성적표'였다.

처음부터 청소년 목회를 계획한 것은 아니었다. 나도 장년들이 좋다. 그들이 더 편하다. 그런 나에게 하나님은 계속 청소년들에게 관심을 갖게 하셨고 마음의 짐을 지게 하셨고 그들을 사랑하게 하셨다. 그래서 청소년 목회를 할 수 있었다. 청소년을 장년과 동일하게 보고 그들에게 제자훈련을 했다. 그들과 함께 살고 나누고 섬기며 그들을 예수님의 제자로 만들기 위해 무던히도 애를 써 왔다.

그런데 하나님은 내게 참으로 특별한 은총을 주셨다. 나는 교회를 개척한다고 생각했지만, 하나님은 그 개척을 통해 나를 개척하셨다. 내 영혼을 개척하시고 내 심령을 개척하셔서 당신의 종으로 준비시키고 단련시켰으며 훈련시키셨다. 그 모든 과정을 지나고서야 비로소 깨닫게 되었다.

그러니 나의 실패는 '절반의 실패'일 뿐이다. 많은 아이들이 중간에 떠났지만 그중의 일부는 남아 청년이 되었고 리더로 성장해 주었다. 나와 함께 모든 훈련의 과정을 밟아 이제는 동역자로 굳게 섰다. 시간이 흐르니 청소년 목회는 청년 목회가 되었고, 청년 목회는 다시 장년 목회가 되었다. 함께 고난의 시간을 보냈던 아이들은 아무것도 없는 맨땅에서 나와 함께 예배당을 건축했고, 이제 다시 새로운 예배당을 건축하고 있다.

그래서 내가 경험한 '절반의 실패'는 이제 새롭게 시작하는 사람들에게 하나의 견본이 될 수 있으리라 생각한다. 청소년 목회가 청년 목회로 변하고, 청년 목회가 장년 목회로 변하는 과정은 다른 교회에서는 흔히 볼 수 없는 우리 교회만의 독특한 과정일 것이다. 나는 청소년 목회에 제자훈련을 접목해 나름대로 많은 시행착오와 실패를 거치며 장년 목회로 전환하는 과정을 지나 왔다. 그것이 새로운 교회를 세우려고 하는 사람들에게 하나의 모델이 되어 용기와 격려를 줄 수 있으리라 생각한다.

열악한 환경의 개척교회들은 대형교회의 성공 신화를 바라보며 힘을 얻기보다 오히려 주눅이 들기 마련이다. 또한 많은 자원과 물질이 필요한 대형교회의 프로그램에 상대적 박탈감을 느끼기도 한다. 정말 작은 교회들에게 중요한 것은 작지만 실현 가능하고 구체적인 성공이다. 그리고 정말 중요한 것은 숫자에 매여서는 안 된다는 점이다. 나는 한 번도 교인수로 성공을 가늠해 본 적이 없다. 아마 그랬다면 이미 오래전에 목회를 포기했을 것이다.

우리 교회는 등록교인이 700-800명 정도 되지만 출석교인수는 그 절반 정도이다. 만약 교인수에 얽매여 목회를 했다면 지금 우리 교회는 사람은 많이 모여도 힘없고 나약한 교회가 되어 있을 것이다. 나는 사람에 집중했지만 사람의 수에 집중하지는 않았다.

우리 성도들은 말한다. "우리 교회는 누구나 등록할 수는 있지만 아무나 다닐 수는 없는 교회, 자신이 성장하지 않으면 정착할 수 없는 교회"라고. 이것이 내 목회의 지향점이다. 인간적으로 너무하는 것 아니냐고 오해를 받기도 하고 욕을 먹을 때도 많았다. 하지만 변화와 성장만큼은 절대 양보하지 않았다. 청소년 목회를 하면서도 이 씨름을 포기하지 않았다. 교회는 교회다울 때 의미를 지닌다. 하나님이 원하시는 것이 바로 그것이라고 나는 믿는다.

한 세대에서 부흥하고 사라지는 교회들을 보며 다짐했다. '내 세대에는 영광을 누리지 말자.' 그래야 교회의 영원성이 유지되기 때문이다. 그래서 내가 자랑이 되고 내가 존경을 받고 내가 유명해지는 것을 포기하고, 나를 통해 다음 목회자가 복을 받을 수 있도록 기초가 든든한 교회를 세우려고 씨름한다.

이제 나는 나의 '절반의 실패'를 딛고 다시 나아가려고 한다. 그 길은 하나님이 인도해 주실 것이라고 믿고 철저히 순종할 따름이다. 첫 책인 만큼 '꿈이있는교회'가 시도해 왔던 다양한 목회적 접근과 그 뒤에 깔려 있던 하나님의 섭리를 충분히, 그리고 체계적으로 담아 내지 못했다는 아쉬움이 있다. 하지만 차후에 또 다른 기회를 하나님이 허락해 주실 것이라고 생각한다.

지금까지 내가 목회의 길을 걸어올 수 있었던 것은 고인이 되신 부모님 덕이 컸다. 부모님은 가난 속에서도 변함 없는 믿음을 간직하셨다. 그분들은 믿음의 길은 인내하며 지속성을 가지고 걸어가야 한다는 것을 몸소 보여주셨다. 부모님을 통해 인생이 아무리 어려워도 포기해서는 안 된다는 것을 배웠다.

또한 하나님이 특별한 선물로 주신 아내에게 가장 감사하다. 아내는 내가 세상에서 가장 사랑하는 사람이다. 고난의 길을 묵묵히 따라와 준 아내에게 진심으로 감사한 마음을 전한다. 그리고 그 사랑의 열매로 태어나 엄마아빠처럼 인생을 살아가는 것이 꿈이라고 고백하는 세 아들과 사랑하는 딸, 그리고 사위에게 너무 고맙고 감사하다. 또한 앞이 보이지 않는 암흑의 터널을 함께 걸어온 1세대 사역자들, 함께 장년 목회를 세워가는 순장들에게 감사하다.

사랑합니다. 샬롬.

2012년 10월
꿈이있는교회 반기성 목사

하나님이 나를 끝도 없이 울게 하셨다. 우리 교회를 위해 우는 것이 아니라 주변의 교회를 보며 울게 하셨다. 다른 교회를 경쟁 상대로 보지 않고 오히려 축복하며 다니게 하셨다. '얼마나 힘이 들까.' 그 후 하나님은 내가 모든 교회를 품게 하셨고 이 땅의 모든 목회자를 사랑할 수 있는 마음을 주셨다. 그렇게 눈이 젖어 있는 사이 예배당이 지어졌다. 하나님은 예배당 건축을 통해 나에게 커다란 위로와 깨달음을 주셨다. 단순히 교회 예배당뿐만 아니라 나의 인격과 믿음도 새롭게 건축되었다.

목
차

추천사   4

머리말   8

제 1부 날마다 '노는' 목사   19

"나가 주셔야겠습니다" | 개척에 '콩깍지'가 씐 사람 | "죽여!"를 외치던 아이들 | 거룩한 놀이, 별스런 목회 | 복지관에 울려 퍼진 사이렌 소리 | 똥으로 가득 찬 집 | '돈 주는 목회'의 비극 | 쓸쓸하게 막 내린 짝사랑 목회 | 카타콤에 깃든 희망의 온기 | 내 목회는 '파송 목회'

제 2부 제자훈련을 만나다   65

'광인' 목사가 준 확신 | 새로운 목회철학을 정립하다 | 제자훈련, 그리고 또 제자훈련 | 봉사로 이어지는 제자훈련

제 3부 맨바닥에서 예배당을 짓다   85

새로운 초장을 마련하라 | 무모한 결단의 끝 | 내가 도대체 무슨 짓을 한 걸까? | 옷장수가 된 아이들 | 도둑 기도 | "1억 원을 빌려 드릴까요?" | 드디어, 건축이다! | 다시 움직이는 개미군단 | 나를 새롭게 건축하시다 | 관리집사 없는 교회

제 4부 **공동체로 세운 청소년 제자훈련** 127

"너희 가정이 모델이 돼라!" | 예수님이 다녀가신 성탄절 | 훈련, 훈련, 훈련 | 비빌 언덕 만들기 | 빚만 떠안은 또 한 번의 시도 | 어느새 청년 중심 교회로 | 또 한 번의 변신, 장년교회로

제 5부 **개척에 담긴 목회철학** 161

자신을 세우는 개척 | '백치 사모', 가정을 개척하다 | '어미'가 된 '백치 사모' | 최상의 교육으로 일구는 자녀 개척 | 영혼을 살리는 개척 | 청소년 목회의 저력 | 심은 대로 열매 맺지 않는 목회

에필로그 198

부록 202

목회는 결코 심은 대로 열매 맺지 않는다.

날마다 '노는' 목사

"나가 주셔야겠습니다"

날 선 바람이 복지관 창문을 거칠게 두드려 댔다. 꽁꽁 언 창문은 마치 금방이라도 부서져 내릴 것처럼 흔들렸다. 신임 복지관 관장은 굳게 입을 다문 채 말이 없었다. 한동안 그렇게 창문 너머 앙상한 나뭇가지들을 바라보던 그가 마침내 입을 열었다.

"그만 나가 주셔야겠습니다."

내 속에서 무엇인가 '툭' 하고 떨어져 내렸다. 불길한 예감은 늘 이렇게 맞아떨어지는 것인가? 새로 부임한 복지관 관장이 나를 보자고 불렀을 때부터 느낌이 좋지 않았다. 전임 관장은 목회자였다. 팔은 안으로 굽는다고, 아무래도 같은 목회자였기 때문에 나름대로 우리에게 우호적이었다. 그러나 신임 관장은 달랐다. 그는 '공무원'이었던 것이다.

잠시 지난 시간들이 주마등처럼 휙휙 뇌리를 스쳐갔다. 1997년 6월 1일. 나는 하나님께 매달렸다.

"하나님, 예배만 드릴 수 있다면 어디라도 괜찮습니다. 주시는 자리에 교회를 개척하겠습니다. 그러니 제발 장소를 주십시오."

그렇게 기도하며 청주 인근을 샅샅이 훑고 다녔다. YWCA, 복지관, 어린이집, 미술학원, 장소는 중요치 않았다. 그저 주일에 사용하지 않아 우리가 예배만 드릴 수 있으면 되었다. 돈이 전혀 없었던 나로서는 건물을 임대한다는 것은 꿈도 꿀 수 없었다. 무료로 사용할 수 있는 공간을 찾으려니 오직 발품을 파는 것 외에는 할 수 있는 것이 없었다.

그러다 우여곡절 끝에 용암동 종합사회복지관의 4평 남짓한 지하창고를 찾게 되었다. 겉으로 보면 아파트들이 빼곡하게 들어선 주택가이지만, 당시 그곳은 청주의 대표적인 빈민가였다. 장애우들을 쉽게 만날 수 있고 불량기 가득한 청소년들이 무리지어 다니는 곳이었다. 머리채를 휘어잡고 싸우는 여인들을 보는 것도 어렵지 않았다. 영세민을 위한 영구 임대주택이다 보니 한 가구당 8평 정도밖에 되지 않는 아주 열악한 아파트 단지였다. 겉으로 볼 때는 번듯해 보이지만 안을 들여다보면 이렇게 좁은 아파트가 있다는 것이 믿기지 않을 정도다. 전도를 하느라 가가호호 방문해 보면 집집마다 거의 환자들이 누워 있었다. 엘리베이터를 타면 오줌 냄새와 토사물 냄새에 구역질이 났다. 엘리베이터의 층 버튼은 온통 담뱃불로 지져져 있었다.

그래도 난 감격했다. 열악한 지역에 비록 지하이기는 했지만 무료로 공간을 사용할 수 있도록 허락해 준 것이 너무도 감사해서 수없이 머리를 꾸벅였다. 공공건물인 탓에 교회 간판도 걸 수 없었지만 감격에 겨워 속으로 수없이 '할렐루야'를 외쳤다. 빛이 들지 않아 어둡고 침침했지만 바닥에 무릎을 꿇고 하나님께 감사기도를 드렸다. 하나님이 주신 첫 예배처소였다. 만감이 교차했다. 나는 교회 이름을 '진리에 강하고 세상에 요동하지 않는 강동교회'라고 붙였다(좀 촌스럽지만).

교회 창립예배를 드린 후 정말 열심히 전도했다. 복지관 인근 주민들과 복지관에 드나드는 아이들, 장애우들, 복지관 노인정의 어르신들 등 사람을 가리지 않고 복음을 전했다. 집집마다 찾아다니며 방문전도를 했다. 사영리를 들고 다니며 길거리 전도를 하다가 오후가 되면 복지관 공부방에 들락거리는 아이들을 찾아가 만났다. 그러다가 복지관과 결연되어 있는 아이들을 하나둘씩 알게 되면서 본격적인 전도가 시작되었다.

아이들마다 '복지관에 이런 곳이 있었나?' 하며 지하 창고를 기웃거리기 시작했다. 관심을 가지고 다가오는 아이들을 데리고 탁구를 치면서 놀기 시작했다. 배가 고프면 떡볶이를 해먹었다. 그러자 한 녀석이 또 한 녀석을 데려왔고 지하에 교회가 있다는 소문이 잔잔하게 퍼져 나가기 시작했다.

그렇게 해서 아이들이 늘어나자 전혀 생각지도 못했던 문제들이 생기기 시작했다. 복지관 시설이 훼손되기 시작했다. 심지어는 도난사건까지 일어났다. 당혹스러웠다. 그렇다고 철없고 불쌍한 아이들을 혹독하게 야단칠 수도 없는 노릇이었다.

그렇게 지내다 신임 관장이 부임했고, 무슨 이야기를 들었는지 부임하자마자 거두절미하고 나가 달라고 통보한 것이다.

한겨울이었다. 엄동설한에 온 교회 식구가 길바닥에 나앉을 처지가 되었다. 눈앞이 캄캄했다. 이 추운 겨울에 어디에 가서 다른 공간을 구할 수가 있겠는가! 마음 저 깊은 곳에서 오기가 스멀스멀 피어올랐다. 아무리 상식이 없기로서니 어떻게 첫 대면에 나가 달라는 말부터 할 수 있단 말인가. 야속했다.

"나가지요. 나가겠습니다. 하지만 지금 나갈 수는 없습니다. 봄이 되면 나가겠습니다." 분노와 오기가 뒤섞인 심정으로 큰소리를 쳤다. 하지만 별다른 대책이 없었다. 그렇다고 그 자리에서 절절매며 매달리고 싶지는 않았다. 목회자로서 최소한의 자존심은 지키고 싶었다. 1분도 채 걸리지 않은 대화였다. 문을 닫고 나오면서 집 없는 서러움, 건물 없는 서러움이 파도처럼 밀려왔다.

개척에 '콩깍지'가 씐 사람

나는 모태신앙인이다. 어려서부터 교회를 출석했는데, 언제부터인지는 잘 모르지만 어린 내 마음속에는 하나의 그림이 각인되어 있었다. 그 그림 속에는 교회 본당 2층에서 1층 강단을 바라보며 기도하는 한 사람의 형상과, 또 그 형상을 바라보는 나의 모습이 있었다. 어떻게 그런 그림이 마음속에 자리 잡게 되었는지는 잘 모르지만, 확실한 것은 그 그림이 선명한 모습으로 내 마음속에 새겨져 있었다는 사실이다.

내 마음속에 자리하게 된 또 하나의 그림은 예수님을 만나고 난 이후에 새겨졌다. 사도행전 2장에 묘사된 예루살렘 교회의 모습이었다. 그때부터 '모두 함께 사는 이런 교회가 세워진다면 얼마나 좋을까? 네 것 내 것 없이 모두 함께 사는 교회, 그런 교회야말로 진정한 공동체가 아닐까?' 하는 꿈을 갖게 되었다. 내 나이 열아홉 무렵이었다. 그래서 사도행전 2장 42-47절만 읽으면 마음이 뜨거워졌다.

그렇게 공동체 생활을 꿈꾸다가 스물다섯 살 무렵 이 꿈을 실행에 옮겼다. 서울에서 함께 예수님을 만난 친구들 세 명과 의기투합해 무조건 청주로 내려왔다. "그래, 우리 이런 교회 한번 해보자." 불처럼 뜨거운 마음을 안고 청주에서 조금 떨어진 증평이라는 곳에서 교회를 개척했다.

스물다섯, 한참 열정으로 뜨겁던 시기였다. 당시 나는 목회자가 아닌 평신도였다. 당연히 신학을 하지 않았다. 그런데도 그것이 큰 문제가 된다고 생각되지 않았다. '신학을 해야만 개척을 하나? 하나님이 기뻐하시는 공동체를 만들면 되는 것 아닌가? 오직 성령께서 주장하시고 이끌어 가시는 아름다운 공동체를 이루어 보자.'

나는 그때까지만 해도 '모든 그리스도인은 교회를 개척해야 한다'라고 믿고 있었다. 그렇게 생각해서 그런지 성경의 내용도 온통 개척 이야기로 보였다. 아브라함도 개척, 이삭도 개척, 야곱도 개척, 요셉도 개척, 모두가 개척자였다. 모세도 개척했고, 여호수아도 개척했고, 그러다 보니 오히려 개척을 안 하는 사람은 이상한 사람으로 생각되었다. 구약뿐만이 아니었다. 신약도 마찬가지였다. 예수님도 개척, 제자들도 개척, 사도들도 다 개척했다. 성경 속 인물들이 다 그렇게 교회를 개척하는데 그리스도인이라면 당연히 개척하는 것이 옳은 것 아닌가?

그런데 마음에 한 가지 걸리는 것이 있었다. 신학도 하지 않고 교회를 개척하니 주변에서 나를 이상한 시선으로 바라보는 것 같았다. 그래서 서른한 살에 늦깎이 신학생이 되었다. 신학을 공부하면서 교회 개척에 대한 생각은 오히려 더 확고해졌다. 신학교를 졸업한 뒤 부교역자 생활도 꽤 오래 했는데, 마음속에는 늘 '성경적인 공동체'에 대한 비전이 사그라지질 않았다. 결국 그 소망은 교회 개척으로 이어지게 되었다.

그렇게 나는 '개척에 콩깍지가 씐 사람'이었다. 마음속에는 항상 '목회는 개척, 개척은 곧 목회'라는 등식을 신조처럼 품고 다녔다. 그러니 교회를 개척하면 무조건 성공할 것이라고 확신했다. 개척은 우리가 하는 것이 아니라 하나님께서 하시는 일이라고 믿었다. 하나님의 뜻에 순종하는 것이 개척이므로 하나님께서 인도하시는 대로 순종하기만 하면 된다고 생각했다.

그런 믿음을 품고 처음으로 개척한 교회가 바로 복지관 지하교회였다. 내가 교회를 개척하기 전에는 주변 사람들이 입을 모아 "목사님이 교회를 개척하면 저도 그 교회로 나갈게요"라고 말했다. 그래서 일단 교회 문만 열면 순식간에 교인 30-40명은 모일 것이라고 생각했다. 그런데 역시 사람의 말은 믿을 것이 못 된다. 정작 교회를 개척하니 그렇게 말하던 사람들은 단 한 명도 오지 않았다. 정말로 단 한 사람도!

마침내 복지관 지하교회의 창립예배를 드리게 되었다. 복지관은 초청받은 손님들로 활기가 넘쳤다. 설교하시는 분, 축사하시는 분, 하객들, 친척과 지인들…, 사람이 많다 보니 교회가 제법 시끌벅적했다. 서로 인사를 나누고 덕담을 주고받고 있으니 마치 금방이라도 교회가 부흥할 것만 같았다. 적어도 창립예배를 드리는 날은 그랬다.

창립예배가 끝난 후 첫 주일예배를 드렸다. 그런데 창립예배 때의 그 북적거리던 활기는 다 사라지고 교회 안에는 다시 막막한 적막감만이 흘렀다. 나와 아내, 그리고 아이들 넷, 그렇게 우리 가족 여섯 명이 옹기종기 모여 첫 주일예배를 드렸다. 단출하고 오붓하기는 했지만 아무래도 적적했다. 창립예배의 활기와 북적거림이 내심 그리웠다.

그럼에도 불구하고 나는 좋았다. 늘 시간에 쫓기며 정신 없는 부교역자 생활을 하다가 교회를 개척하니 꿈만 같았다. 자녀들이 비로소 내 눈에 들어오고, 가정이 보였다. 어두운 지하창고 교회에서 우리 가족끼리 예배를 드리던 그 시절, 나는 천하를 다 얻은 듯한 마음으로 살았다. 앞날이 불안하고 걱정이 되어야 할 상황이건만 '이런 꿈 같은 날이 또 있을까?' 하는 생각만 들었다. 지금 생각해도 신기한 일이었다.

그러면서 복지관 텅 빈 지하창고에 하나님이 주신 '한 사람'이 보였다. 바로 아내였다. 나 대신 직장을 다니며 생계를 책임지고 힘든 살림까지 감당하면서 네 명의 자녀를 키우는 고마운 사람이었다. 아내를 보면서 벅찬 감정이 마음 저 밑바닥에서부터 솟구쳐 올랐다. 왠지 콧등이 시큰하고 눈가가 젖어 들었다.

'이런 날이 다시는 오지 않을 텐데…. 고마운 아내에게 해줄 수 있는 최고의 선물이 무엇일까?'

그 순간 알 수 없는 강한 다짐이 마음속에 끓어오르고 있었다.

'아내를 위해 말씀을 준비하리라. 아내에게 최고의 말씀 공부를 시켜 주리라!'

그날부터 나는 '아내 목회'를 시작했다. 아내 한 사람을 앉혀 놓고 천 명이 앉아 있는 것처럼 설교했고, 수천 명의 교인들이 앉아 있는 것처럼 교육했다. 아내에게 새가족 교육과 예배교육을 했다. 나에게는 아내가 단 한 명의 교인이자 수천 명의 교인이었다.

"쭉여!"를 외치던 아이들

복지관 교회를 개척하고 두 달 후인 1997년 8월, 복지관 주최로 소백산에서 '청소년 캠프'가 열렸다. 복지관 인근 결손가정의 청소년 서른여섯 명을 초청해 여는 캠프였다. 복지관 측은 나에게 이 캠프를 진행해 달라고 요청했다. 나에게 첫 양떼가 주어진 것이다. 그것도 서른여섯 명이나 '떼'로 몰아주셨다. 복지관 측에서는 낮에는 재미있는 게임이나 오락, 등산과 같은 친교 중심의 프로그램을 진행하고 저녁에는 강연을 통해 인성교육을 해달라고 요청했다.

나는 캠프 진행을 놓고 이런저런 고민을 하기 시작했다. 그러다가 불현듯 부교역자 시절에 키웠던 청소년들이 생각났다. 이미 청년이 된 녀석들이었다. 서너 명을 봉사자로 불러서 리더로 세우기로 했다. 든든한 조력자들이 생긴 셈이었다.

프로그램은 복지관에서 원하는 대로 구성했다. 첫째 날 낮에는 프로그램대로 실컷 놀게 했다. 소백산에서 흘러내려 오는 시원한 물속에 뛰어들어 잘할 줄도 모르는 수영을 뽐내는 녀석들을 바라보며 나도 마냥 즐거웠다. 둘째 날은 소백산 정상을 향해 올라가며 서로 손을 잡아 주고 협력하며 몸이 불편한 아이들을 격려해 주는 공동체 훈련을 했다. 정상에 올라가서는 열 명씩 세워 놓고 큰소리로 외치게 했다.

"○○야, 너는 존귀한 사람이다!" "너는 어떤 일도 할 수 있어!"

저 멀리서 산들이 다시 메아리로 응답하자 아이들은 좋아하기도 했고 멋쩍어하기도 했다. 공기는 맑고 바람은 청량한 소백산 수련회장에서 아이들은 정말 신나게 놀았다. 결손가정의 아이들이다 보니 그렇게 맘 편하게 놀아 보는 것도 흔치 않은 일이었던 모양이다.

마침내 저녁 강연 시간이 돌아왔다. 나는 그 아이들에게 줄 '영혼의 양식'을 정성껏 준비했다. 그런데 이게 웬일인가! 강연을 시작하기도 전에 아이들은 앉아서 꾸벅꾸벅 졸고 있었다. 한두 명이 아니라 모든 아이들이 다 정신없이 졸고 있었다. 하루 종일 신나게 뛰어놀다 보니 앉자마자 녹초가 되어 버린 것이다.

'이런 아이들을 데리고 무슨 강연을….'

참으로 난감했다. 생각 같아서는 편하게 그냥 재우고 싶었지만 마음이 괴로웠다. 진저리가 나도록 가난했던 내 어린 시절이 떠올랐다. 그들의 모습은 바로 내 어린 시절의 모습이었다. 마음속에서 뜨거운 무엇이 밀고 올라왔다.

'어린 시절 내 분신 같은 저들…. 어떻게 해야 저 아이들에게 희망을 줄 수 있을까? 이대로 끝나서는 안 된다. 저들의 희망은 오직 예수 그리스도다!'

이 생각이 들자 나는 강연을 설교로 돌렸다. 그리고 처음 계획과 달리 아예 집회를 하기로 했다. 잠에 취한 아이들을 깨우며 설교를 하기가 처음에는 쉽지 않았다. 하지만 설교가 진행되자 복음을 듣는 아이들의 눈빛이 살아나기 시작했다. 눈에는 생기가 돌고 입으로는 반응하기 시작했다. 아이들의 영혼이 깨어나기 시작하자 내 마음도 뜨거워졌다.

"얘들아, '주여!'를 힘차게 외치고 기도하면 너희들의 그 가난하고 지긋지긋한 삶에 새로운 길이 열릴 것이다. 하나님이 바로 너희들의 아버지가 되어 주실 것이다. 지금의 생활에서 벗어나게 될 것이다. 그러니 우리 '주여!' 세 번 부르고 함께 기도하자."

그 순간 놀라운 성령의 역사가 일어났다. 아이들은 "주여!"를 부르며 울부짖기 시작했다. 강당 바닥을 데굴데굴 굴렀다. 아이들이 울부짖는 소리는 소백산 깊은 산중에 메아리가 되어 퍼져 나갔다. 지금도 짐승처럼 부르짖던 그 아이들의 기도 소리가 귓가에 생생하다.

캠프 마지막 날 아이들의 간증을 들으며 알게 된 일이지만, 그 녀석들은 "주여!"가 아니라 "죽여, 죽여, 죽여!" 하며 울부짖었다고 한다. 그것도 세 번이 아니라 수십, 수백 번씩. 그것이 무슨 뜻인지도 모르고 그저 죽고 싶으니 하나님께 죽여 달라고 부르짖었다는 것이다. 삶이 얼마나 고단하고 힘들었으면 어린 녀석들이 그토록 절규하듯 "죽여!"를 외쳤을까! 그들의 간증을 들으며 나는 가슴 언저리가 둔기에 맞은 듯 한없이 먹먹해졌다. 하나님은 그날 그들의 순수하고 절박한 부르짖음에 응답하셨다. 아이들 한 명, 한 명을 모두 어루만지고 만나 주셨다.

그날 밤, 캠프에 참석했던 청소년 서른여섯 명 전원이 예수님을 영접했다. 생각지도 않은 '덤'도 따라왔다. 봉사자로 참석했던 청주대학교 복지학과 학생 한 명이 설교를 듣고 아이들과 함께 결신한 것이다. 이렇게 해서 모두 서른일곱 명이 예수님을 '나의 구원자요, 나의 하나님'으로 고백했고 눈물로 간증했다. 그날은 성령님의 역사가 소백산 캠프장에 강력히 임했던 날이었다.

거룩한 놀이, 별스런 목회

청소년 사역은 과연 어떻게 해야 할까? 사역자마다 생각이 다를 수 있고 목회환경에 따라 접근방식이나 방법론은 다양할 수 있지만 근본 원리, 즉 핵심은 동일하다고 본다. 그것은 주님이 가르쳐 주신 것처럼 내 양떼를 향해 깊은 관심과 사랑을 쏟아붓고 희생하는 것이다.

나는 제자훈련 지도자 세미나를 통해 많은 부분에서 은혜와 교훈을 얻었지만, 그중에서도 옥한흠 목사님의 '광인론'과 '한 사람' 목회철학에 깊이 공감했다. 미치지 않고서는 목양이 제대로 이루어질 리 없고, '한 사람'을 천하보다 귀하게 여기지 않고서는 참다운 목회가 이루어질 수 없기 때문이다. 특히 청소년 사역처럼 이 두 가지 요소가 절실한 분야도 없다고 생각한다.

청소년들은 감수성이 민감해서 목자가 자신들을 정말로 사랑하고 있는지 아닌지를 본능적으로 감지해 낸다. 또 아직 세상에 대한 경험이 부족하고 순수하기 때문에 사역자의 작은 실수에도 깊이 상처받고 쉽게 실족한다. 하지만 목자가 신뢰할 만하고 자신의 미래를 바르고 분명하게 보여줄 수 있다고 확신하면 불같은 열정으로 목자의 뒤를 따라온다. 그래서 청소년 사역자는 높은 자격 기준이 필요하다. 많이 기도하고 인내하며 깊은 사랑으로 청소년을 인도해야겠다는 강한 사명감이 없다면 청소년 사역은 어려울 것이다.

그렇게 눈물의 소백산 캠프가 끝난 후, 아이들이 한두 명씩 주일 예배에 나오기 시작했다. 나는 그 아이들을 대상으로 '먹는 목회', '노는 목회'를 시작했다. 그 아이들뿐만 아니라 하교 후 복지관 도 서실을 드나드는 청소년들을 전도해서 같이 떡볶이를 먹고 탁구를 치면서 놀았다. 그렇게 함께 먹고 놀다가 주일에는 지하창고인 교 회로 놀러오게 해서 예배를 드렸다.

시간이 흐르자 적막만이 짙게 흐르던 지하교회에 서서히 사람 냄 새가 나기 시작했다. 아이들이 시끄럽게 떠들어 대는 '청소년 교회' 로 변해 가고 있었다. 교회가 좋아진 아이들은 친구들을 하나둘씩 데려오기 시작했다. 그 아이들과 또 라면을 끓여 먹고 떡볶이도 함 께 만들어 먹었다. 한동안 그렇게 하다가 매주 토요일을 아예 '떡볶 이 먹는 날'로 만들었다. 그리고 이것이 자연스럽게 전도 프로그램 이 되어 갔다.

아이들의 반응은 좋았다. 몇몇 아이들은 자기네 반 전체를 '떡볶 이 먹는 날'에 초청하겠다고 했다. 정말로 한 학급 단위로 초청이 이루어지기 시작했다. 거기에다 교사였던 아내가 전도해 오는 아이 들까지 가세하면서 제법 규모가 큰 '떡볶이 잔치'가 매주 벌어졌다. 토요일이면 교회가 잔칫집 같았다. 다만 손님이 모두 청소년이라는 것이 여느 잔칫집과 다른 점이었다.

아이들이 많아지자 교통정리가 좀 필요했다. 아내는 아이들을 여러 소그룹으로 나누어 소그룹끼리 떡볶이를 만들어 먹도록 했다. 아이들은 같은 그룹원끼리 모여 신이 나서 재잘댔다. 소그룹을 만들면서부터는 우리 부부가 좀 한가해졌다. 휴대용 가스레인지와 냄비, 고추장, 설탕, 어묵 등 재료만 나눠 주면 자기들끼리 교제하며 경쟁하듯 신나게 만들어 먹었기 때문이다.

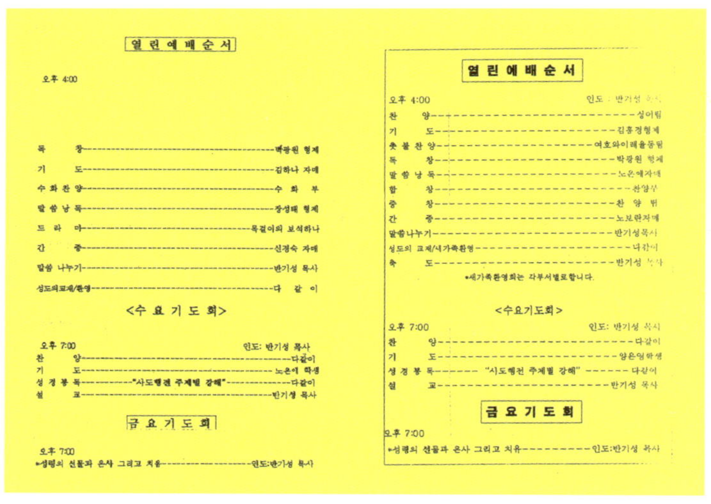

그렇게 형성된 소그룹을 다시 30-40명 정도씩 모아 중그룹으로 만들었다. 그리고 이 중그룹을 대상으로 교육을 시작했다. 찬양 인도자를 세우고 찬양팀을 여러 개로 만들어 찬양 인도를 하도록 했다. 또 순번을 주어 각 팀마다 특송을 준비하도록 했다. 그렇게 아이들은 예배 특송을 준비하며 자기들끼리 활동을 만들어 나갔고, 일주일의 커리큘럼이 자연스럽게 형성되었다.

또한 연극에 관심이 있는 아이들을 모아 연극팀을 구성했다. 다음 주 설교 주제를 미리 연극팀에게 주고 그 주제에 맞춰 연극을 준비하도록 시켰다. 아이들은 무척 즐거워하면서 자기들끼리 연극을 준비했다. 그렇게 준비된 연극을 주일 예배 시간에 발표했다. 조금은 어설프고 실수도 많았지만 아이들의 반응은 뜨거웠다. 연극팀도 무대에 한두 번 연극을 올려 보더니 스스로 실수를 보완해 가며 이야기를 구성해 가기 시작했다. 그외에도 손 찬양이나 몸 찬양 등 개인적인 달란트가 있는 아이들을 준비시켜 예배 중에 특별순서로 올렸다. 처음부터 의도했던 것은 아니지만 그렇게 하다 보니 자연스럽게 예배가 '청소년 열린예배'가 되어 갔다.

나는 아이들과 그렇게 '거룩한 놀이'를 했다. 모이면 먹고, 먹고 나면 놀고, 놀고 나서는 다시 예배를 준비하는 거룩한 놀이가 이어지자 아이들의 수가 갈수록 늘어났다. 모이는 아이들의 수가 일정한 수준에 오르고부터는 가속도가 붙어 늘어나는 속도가 점점 빨라졌다. 나도 모르게 교회가 부흥하고 있었다. 무엇보다 예수님을 전혀 알지 못했던 아이들이 예수님을 만나 변화되어 가는 모습을 보는 것이 가장 큰 행복이었다.

스스로 '낙오자'라고 생각하던 아이들이었다. 방치된 채 제멋대로 커 가던 아이들이었다. 일찍부터 밑바닥 인생을 경험한 아이들은 적대적이고 거칠었지만, 그런 아이들도 예수님을 만나면서 본래의 순수성을 회복해 갔다. 맑고 수줍은 그 나이 또래 아이들의 모습으로 돌아가기 시작했다. 표정이 밝아졌다. 여자아이들은 자신감이 없어서 머리카락으로 얼굴을 반쯤 가리고 살았다. 그런 녀석들이 언제부터인지 머리를 묶고 밝은 얼굴을 드러내기 시작했다. 그런 변화를 지켜보는 것이 더없이 즐거웠다.

나는 점점 깨어나는 아이들과 신나게 놀았다. 놀고 또 놀았다. 예배가 끝나면 축구를 했다. 새벽예배를 드리고 나서도 축구, 주일예배를 드리고 나서도 축구, 저녁예배를 드리고 나서도 축구를 했다. 남자아이들은 모이면 축구를 했다. 여자아이들은 팀을 나누어 응원을 했다. 모이면 먹고, 먹고 나면 놀았다. 그렇게 놀다 보니 아이들이 모여들었고 그렇게 모여든 아이들과 기도하고 찬송하며 별스럽게 놀았다.

복지관이 있는 곳이 워낙 낙후된 지역이다 보니 추석이나 설 같은 명절이 와도 별로 명절 분위기가 나질 않았다. 달라진 점이라면 아파트 주변이 좀 더 조용해진 것 정도일까. 아이들도 마찬가지였다. 아니, 오히려 명절이 되면 더 갈 곳이 없어지는 아이들이었다. 그렇다 보니 명절이 되면 아이들은 오히려 교회로 왔다.

명절에 우리를 찾아왔으니 명절 음식을 먹이기는 해야겠는데, 여러 사람이 한 끼를 해결하는 일이 그리 만만치가 않았다. 이 문제를 놓고 고민하던 아내는 설이 되면 떡국 대신 밀가루 반죽을 잔뜩 만들어 만두를 빚게 했다. 그런데 아이들이 잔뜩 모여 만두를 빚는 모습이 장관이었다.

아내가 밀가루 반죽을 해주면 일부는 반죽을 치대고, 일부는 한 덩어리씩 떼어 내서 만두피를 밀기 좋게 동그랗게 빚고, 일부는 만두피를 밀고, 일부는 앉아서 만두 속을 넣고, 일부는 빚은 만두를 서로 붙지 않게 밀가루를 뿌려 가며 상에 진열하고, 일부는 그것을 주방으로 가져가 삶고…. 웬만한 큰 식당의 주방 풍경이 따로 없었다.

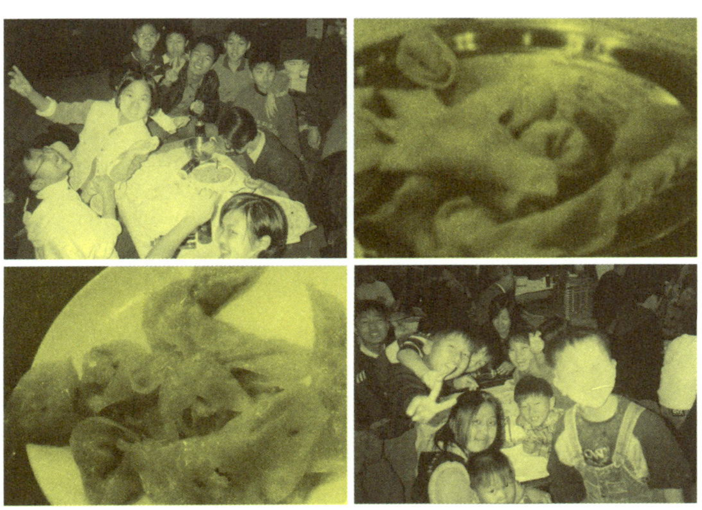

무슨 특별한 도구가 있는 것도 아니었다. 떡볶이를 만들 때 사용하고 남은 부탄가스 통으로 밀대방망이를 대신했다. 복지관 주방에 있던 그릇이란 그릇은 다 쏟아져 나왔다. 거기다 떠들고 장난까지 치느라 복지관 강당은 온통 밀가루 천지가 되었다. 만두의 모양도 제각각, 천차만별이었고 크기도 들쑥날쑥 정신이 없었다. 하지만 맛은 기가 막혔다. 그렇게 야단법석을 떨며 만든 만두를 모두 둘러앉아 정신없이 먹으며 우리는 행복했다. 이렇게 시작된 명절 풍경은 우리 교회의 독특한 전통이 되었다.

우리 교회는 지금도 설이 되면 만두를 빚는다. 고향에 가지 못한 사람들끼리 모여 어른들이 떡을 준비하고 아동부는 만두를 만든다. 아동부 2부 활동으로 '만두 빚기'를 하는 것이다. 아이들이 만두를 만들고 찌면 오히려 장년들이 그 만두를 얻어먹고 있다. 다른 교회에서는 아마도 상상하기 힘든 풍경일 것이다. 나는 이렇게 '명절 반납 목회'를 했다.

명절 반납 목회는 나름 할 만했지만 '결혼기념일 반납 목회'는 마음이 좀 힘들었다. 하필이면 우리 부부의 결혼기념일이 5월 5일 어린이날이다 보니 아이들은 가족끼리 오붓한 시간을 원했다. 그러나 그것은 꿈같은 일이었다. 방법이 없다 보니 결혼기념일이 되면 우리 가족과 교회 아이들을 모두 데리고 '대이동'을 했다. 일정은 등산이나 체육대회였다. '결혼기념일 반납 목회'는 그래서 늘 마음 한구석이 아리다.

그중에서 제일 골치가 아팠던 것은 아이들 사이에 벌어지는 ‘쌈박질’이었다. 교회에 늘 아이들만 북적거리다 보니 아이들의 다툼이 끊이질 않았다. 사내 녀석들은 툭하면 주먹질을 하며 싸웠다. 여자아이들은 또 여자아이들끼리 서로를 질투하며 싸웠다. 한 주도 편할 날이 없었다. 투닥투닥 아이들이 뒤엉켜 싸우고 또 그것을 쫓아다니며 말리다 보니 때로는 매를 들어 종아리도 쳤다. 그런 악역은 사모의 몫이었다. 그러는 사이에도 아이들은 계속해서 모여들었다.

아이들이 많아지자 문제는 끝이 없었다. 새가족으로 온 여자아이와 눈이 맞아 일을 저지르는 놈이 있지를 않나, 밖에서 사고를 치는 놈이 있지를 않나…. 끊임없이 일이 일어났다. 남의 오토바이를 훔쳐 타는 놈 때문에 한밤중에 경찰서로 불려간 적도 있다. 가지 많은 나무에 정말 바람 잘 날이 없었다.

그렇게 치고받고 싸우고 문제를 일으키면서도 서서히 정착하는 아이들이 늘어갔다. 지하교회 공간으로는 도저히 그 인원을 다 수용할 수가 없었다. 복지관에 양해를 구하고 주일예배 장소를 복지관 강당으로 옮겼다. 얼마 되지 않아 복지관 강당이 200-300명의 아이들로 북적거리기 시작했다. 그런데 이것이 문제의 출발점이 될 줄은 꿈에도 생각하지 못했다. 아이들이 많다 보니 복지관의 각종 시설물들이 몸살을 앓기 시작했다. 우리를 바라보는 복지관 직원들의 시선이 점점 차가워지기 시작한 것도 그즈음이었다. 눈치가 보였다. 하지만 내게는 자식 같은 녀석들이었다! 나는 그 녀석들을 결코 포기할 수 없었다.

복지관에 울려 퍼진 사이렌 소리

예배를 주일밖에 드릴 수 없다 보니 새벽예배가 간절했다. 나와 함께 뒹굴며 사는 자식 같은 녀석들과 함께 새벽예배를 드리고 싶었다. 하루가 시작되기 전의 그 고요한 시간을 아이들과 함께 주님께 바치고 싶었다. 그래서 혼자 '여리고 기도회'를 시작했다. 근 10여 일을 복지관을 돌며 마음을 모았다.

하나님이 나의 기도를 들으신 걸까, 기도를 시작한 지 10일쯤 지나자 갑자기 복지관이 바빠지기 시작했다. 복지사들은 자주 야근을 했고 심지어는 새벽부터 출근을 하기도 했다. 시도때도 없이 복지관 문이 열렸다. 이때다 싶었다. 기회를 놓치지 않고 '진'(복지관)으로 입성했다.

아이들에게 새벽기도회를 시작하겠다고 선포했다. 아이들은 잠에서 덜 깬 눈을 비비면서도 교회에 나타났다. 청소년의 장점은 목회자가 무엇인가를 지시하면 즉시 따른다는 점이다. 새벽기도회가 시작되자 아이들이 지하창고에 가득 모였다. 피곤을 모르고 드린 기적의 새벽예배였다.

그렇게 몇 달이 지나자 아이들에게 기도의 문이 열리기 시작했다. 통성기도가 훈련되자 어찌나 열심히 기도를 하는지 지하창고가 떠나갈 지경이었다. 아이들의 열심은 좋았지만 내심 걱정이 되기 시작했다. 인근 주민들이 어떻게 나올지 염려가 되었다. 그래서 기도하는 아이들을 두고 복지관 밖으로 나와 주변을 돌며 기도 소리가 어느 정도인지 가늠해 보았다. 밖에서 들어도 신경이 쓰일 정도였다. 마음 한편으로는 그 소리에 마음이 불안하면서도 다른 한편으로는 벅차 오르는 기쁨을 감출 수가 없었다.

'아, 이 말썽쟁이들이 어느새 이렇게 컸을까? 이 골치 아픈 녀석들이 이제는 제법 기도의 용사들이 되어 가고 있구나.'

나도 모르게 콧등이 시큰해졌다.

새벽기도회가 자리를 잡으면서 나는 '겨울방학 특새'(특별새벽기도회)를 계획했다. 방학 때를 이용해 집중적인 기도회를 열면 아이들이 영적으로 성장할 것이라고 생각했다. 아이들에게 겨울방학 특새를 선포하고 개학일까지 계속되도록 일정을 짰다. 특새가 단순한 프로그램으로 끝나는 것을 막고 개학과 동시에 삶으로 연결되게 하기 위해서였다. 주제는 "영적으로 무장하여 학교를 깨우는 군사가 되자"였다.

그리고 여름에는 '여름방학 특새'를 선포했다. 교회에서 멀리 떨어져 있는 아이들을 위해 5인승 승용차를 운행했다. 물론, 운전기사는 나였다. 비록 5인승이었지만 최고 열두 명까지 탔다. 실내 트렁크 덮개를 뜯어 내고 아이들이 포개고 또 포개 탔다. 그렇게 아이들을 태우고 청주 시내를 달려도 고장 나지 않은 것이 참 신기했다.

'여름방학 특새'를 마치고 우리는 인근 야산으로 올라갔다. 그곳에는 '한국의 신궁'으로 불렸던 김수녕 양궁장이 있었다. 함께 달리기도 하고 산을 오르기도 했다. 축구를 할 때 목사를 한번 이겨 보라고 부추겼더니 아이들은 정말 나를 이기려고 더 열심히 새벽을 깨웠다. 기도회는 지속적으로 이어졌고 교회는 날로 성장했다.

새벽기도회가 불타오르자 금요기도회도 자연스럽게 이루어졌다. 금요기도회는 밤 아홉 시부터 시작되었다. 한번 시작하면 두세 시간씩 불처럼 뜨겁게 타올랐다. 아이들은 오열을 토해 냈다. 아이들은 말씀을 듣고 바닥을 뒹굴고 가슴을 쥐어뜯으며 부르짖어 기도했다. 자신의 죄를 회개하며 토하는 아이도 있었다.

그러다가 결국은 '사고'가 터졌다. 하루는 기도회를 하고 있는데 갑자기 밖에서 사이렌 소리가 들려왔다. 처음에는 상황을 파악하지 못했다. 사이렌 소리가 몇 차례 지속적으로 울렸다. 경찰차의 사이렌 소리였다. 인근 주민 누군가가 신고를 한 것이다. 기도회가 얼마나 뜨거웠는지 경찰이 출동하는 사태가 벌어진 것이다. 나는 당황

하지 않을 수 없었다.

내 심정을 모르는 아이들은 아랑곳하지 않고 기도했다. 울음소리로 가득한 기도 소리가 복지관 주변의 아파트를 뒤흔들었다. 지하교회까지 내려온 경찰들도 그런 아이들의 모습을 보고는 할 말이 없었는지 한동안 멍하니 쳐다보다 그냥 돌아갔다. 성령의 강권적인 역사였다고 밖에는 설명할 길이 없다.

그후 복지관 측은 그런 우리의 기도회 때문에 가슴앓이를 했던 것 같다. 인근 주민들이 기도회 때마다 신고를 하는 바람에 파출소에 매번 통사정을 해야 했기 때문이다. 그래도 우리는 금요기도회를 멈추지 않았다. 기도회를 멈출 수는 없었다. 이것은 선택의 문제가 아니었다. 성령이 우리 속에서 강권적으로 역사하고 있었다. 경찰이 출동하고 복지관 측에서 난색을 표하자 잠깐 동안은 조심했지만 이런 일이 반복되자 우리는 조심하는 것을 아예 포기해 버렸다. 몇 번 경고를 하던 경찰들도 더 이상 어쩔 수 없었는지 우리에게 손을 들고 말았다.

당시 나는 복지관 지하창고를 빌려 목회를 하는 가난한 개척교회 목사에 불과했다. 게다가 성도는 청소년이 전부였다. 장년 성도도 없고 교회 이름도 제대로 보이지 않는 희한한 교회의 목회자였다. 아이들과 축구를 하고 떡볶이를 먹으며 놀기나 하는 지방 소도시의 보잘것없는 목회자에 불과했다. 하지만 나는 '세상에서 가장 행복한 목사'였다. 그들처럼 뜨겁게 기도하는 성도들이 있는 교회를 나는 보지 못했다. 기도회 때마다 울부짖으며 간구하는 성도들을 본 적이 있는가? 나는 그 아이들을 볼 때마다 가슴 뿌듯한 행복감을 맛보았다. 그것이 나의 자랑이고 보람이었다.

한번 기도의 문이 열린 아이들은 기도 시간만 되면 통곡하며 기도했다. 내가 조금 소리를 낮춰 기도해 달라고 요청해 보았지만 소용이 없었다. 워낙 눌린 게 많고 한이 깊은 아이들인지라 스스로 자신을 감당하지 못했다. 그래서 나는 아예 기도회를 더 강하게 밀어붙이는 방향으로 마음을 바꿨다. 어차피 통제가 불가능하다면 아예 속시원하게 가슴속의 응어리들을 토해 내라고 했다. 그후 기도 시간은 더 뜨거워졌다.

그런 아이들에게 나는 세 가지 기도제목을 주었다. 첫째, 이 기도 소리가 시끄러워서 쫓겨나는 날이 오게 해주세요. 둘째, 쫓겨날 정도로 교회가 부흥하게 해주세요. 셋째, 주변의 이런 제재를 받지 않도록 쫓겨나게 해주세요.

아이들의 기도는 결코 잦아들지 않았다. 아니 시간이 흐를수록 오히려 더 커져 갔다. 그리고 마침내 그 기도의 응답으로 우리는 정말로 복지관에서 쫓겨나게 되었다.

똥으로 가득 찬 집

사람은 이중적일 수밖에 없는 것일까. 교회에서는 뜨거웠지만, 교회를 떠나면 어느샌가 아이들도 이전의 모습으로 되돌아갔다. 그들이 처해 있는 상황이 그랬다. 부모들은 하루 벌어 하루 먹고살기 바쁜 사람들이었다. 아이들은 방치된 채 공부에도 별 뜻이 없었다. 학교에서도 사랑받지 못하는 아이들이다 보니 학교가 끝나면 시간이 남아돌았다. 시내로 나가 거리를 배회하는 것이 그들의 낙이었다.

심방을 가 보면 낮이고 밤이고 집에 있는 놈들이 없었다. 늘 돈이 없다고 하면서도 오락실에 가면 만날 수 있었다. 먹을 게 없어 굶는다면서도 술집에 가면 만날 수 있었다. 학용품 살 돈이 없다는 놈들이 문구점 앞 오락기에 매달려 있었다.

혼숙하는 아이들, 임신해 있는 아이들, 혼자 사는 아저씨의 집을 드나드는 아이들, 별별 아이들이 그 지역에 모여 있었다. 나는 그 아이들 때문에 수시로 산부인과를 드나들고, 경찰서를 들락거렸다. 사고가 터지면 자다가도 뛰어나가 경찰서에 출두하여 보호자 각서를 써야 했다. 그런 아이들이었지만 난 그 아이들이 밉지 않았다. 그들의 절망과 외로움이 내 가슴을 뜨겁게 휘저었다. 왜 그 지역 아이들이 청주에서 가장 많이 소년원에 가는지 이해할 수 있었다.

잊을 수 없는 남매가 있다. 동네 과일장사 아저씨의 요청으로 그들의 집을 찾아갔다. 정말 충격적인 장면이 눈앞에 펼쳐졌다. 몇 명의 아이들이 혼숙을 하고 있었다. 아이들의 부모님은 이미 돌아가신 지 오래되었고 누나와 남동생만 남아 있었다.

현관문을 열고 들어가니 호박벌만한 바퀴벌레가 집안을 붕붕 날아다니고 있었다. 나는 날아다니는 바퀴벌레는 그 집에서 처음 보았다. 집안은 이미 사람이 사는 곳이 아니었다. 방안 이곳저곳에는 술을 마시고 토해 낸 토사물들이 허옇게 말라붙어 있었다. 하지만 그것은 충격의 시작일 뿐이었다.

화장실을 열어 본 나는 할 말을 잃었다. 화장실 안에는 도대체 언제 쌌는지 알 수도 없는 똥 덩어리들이 변기 주변에 가득 쌓여 있었고 바닥에도 온통 떡칠이 되어 있었다. 변기가 막힌 지는 이미 오래되었고 화장실은 분뇨 가스로 가득 차 숨이 막혀서 더 이상 문을 열고 있을 수가 없었다. 눈앞에 펼쳐진 이 광경이 믿기지 않아서 내 눈을 의심했다. 가슴이 무너져 내리는 것만 같았다.

부모님이 없는 그 남매의 집은 가출 청소년들의 아지트가 되어 있었다. 떠돌이 아이들이 모여들어 술을 마시고 뒤엉켜 사는 '절망과 혼돈'의 공간이 된 것이다. 주변 사람들은 그 집에 드나드는 아이들이 복도나 엘리베이터 안에 똥오줌을 싸서 도저히 살 수가 없다고 했다. 그 집을 들여다보고 나니 이해가 되었다. 화장실이 그런 지경이니 아무 데나 똥을 싸고 오줌을 쌀 수밖에…. 도대체 사람이 어떻게 이런 삶을 살 수 있을까? 누가 이 아이들을 이런 삶으로 밀어 넣었던 것일까…. 이유를 알 수 없는 절망감과 분노가 가슴을 가득 채웠다.

차마 그대로 두고 갈 수가 없었다. 같이 간 녀석들과 필요한 도구들을 준비해서 대청소를 시작했다. 고무장갑을 끼고 변기에 가득 찬 똥을 손으로 떠내는 일부터 시작했다. 변기 구멍을 막고 있던 똥을 덜어(?) 내고 물을 끓여 변기에 부었다. 압축기로 한참을 씨름하고 나서야 겨우 물이 내려가기 시작했다. 그렇게 하고도 모자라 주변과 바닥에 쌓여 있는 똥 덩어리와 똥 딱지들을 뜨거운 물로 녹여 내느라 진땀을 뺐다.

대충 화장실을 청소한 후 집안 청소에 들어갔다. 그런데 정말 놀랄 일이었다. 그 8평짜리 공간에서 나온 쓰레기가 무려 100리터짜리 쓰레기봉투로 열 묶음이나 되었다. 그동안 사람이 살았다는 사실이 기적이었다.

그날 이후 그 남매는 우리와 한 가족이 되었다. 나와 동역하던 청년 사역자 두 명을 그 집으로 보내 남매와 함께 살도록 했다. 시간이 흐르면서 남매는 마음의 상처가 점차 회복되어 갔다. 무표정과 무반응이었던 아이들이 미소를 되찾아 갔다.

그런 행복도 잠시였다. 우리의 힘만으로는 그 아이들의 열악한 환경을 모두 감당할 수가 없었다. 복지관에서 쫓겨나면서부터 우리도 거처할 곳이 없어 힘들어졌다. 더 이상 지속적으로 그 아이들을 돌볼 수가 없었다. 나름대로 그 아이들을 돌보느라 최선을 다했지만 역부족이었다. 그후 연락이 끊기면서 지금은 그 아이들이 어디서 무엇을 하고 있는지 알 길이 없다. 소년원을 제 집처럼 들락날락하던 아이, 거리를 떠돌던 아이…. 그 아이들이 떠오를 때마다 하나님 앞에 무릎을 꿇는다.

"주님, 제가 끝까지 사랑하지 못했습니다. 저를 용서해 주십시오…."

'돈 주는 목회'의 비극

나는 그들을 외면할 수 없었다. 나 역시 가난한 유년시절을 보냈고 불우한 청소년기를 보냈다. 등록금이 없어 제때 상급 학교로 진학할 수 없었고 돈이 없어 공부를 제대로 할 수 없었다. 그래서 마음속에 늘 안타까움이 있었다. 그때 누군가 나를 좀 도와주었더라면 지금 나는 더 괜찮은 사람이 되지 않았을까 하는 아쉬움이 늘 가슴 한편에 자리 잡고 있었다.

어느덧, 고등학교 2학년이었던 아이들이 3학년이 되고 졸업생이 되었다. 공부를 열심히 해서 대학교에 입학하는 아이들도 한두 명씩 생겼다. 그 아이들이 대견했다. 제대로 공부할 수 없었던 내 어린 시절에 대한 아쉬움, 또 환경이 어려워 제대로 공부할 수 없는 사람들을 도와야 한다는 부담감, 교회가 아이들에게 힘을 주고 아이들의 삶을 책임지고 있다는 확신을 주고 싶은 생각이 뒤섞여 어떤 형태로든 그 아이들을 돕고 싶었다.

그런 마음을 하나님이 아셨던 것일까? 우리의 형편을 알고 있던 지인들이 조금씩 후원금을 보내주었다. 그런 후원금을 마음을 다해 알뜰하게 모아 두었다. 그리고 아이들이 대학에 진학할 때 모두 장학금으로 지급했다. 우리가 준 장학금은 한 아이당 50-100만 원 정도였다. 받는 사람에게는 큰돈이 아닐 수도 있지만 나에게는 아비의 마음이 묻어 있는 전재산 같은 돈이었다. 작지만 그것이 힘이 되어 아이들의 삶에 새로운 희망이 펼쳐지길 소망했다.

그런데 그것이 실수였다. 인간적인 미안함 때문이었던 것일까? 장학금을 받은 아이들은 처음에는 무척 감사해했다. 그런데 시간이 흐르면서 슬금슬금 눈치를 보며 어색해했다. 누가 눈치를 주거나 뭐라고 하지도 않았는데 들쑥날쑥하다 끝내는 한 놈 한 놈 교회를 떠났다. 돈을 받은 아이들은 결국 모두 교회를 떠났다.

이 일들을 통해 뼈아프게 깨달았다. 목회는 절대 물질로 하는 것이 아니다. 물질로 목회를 하면 그 목회는 100퍼센트 실패한다. 해보니 그랬다. 장년 목회를 하면서도 이와 동일한 경험을 여러 번 반복했다. 안쓰러워서 물질로 도와주면 시간이 지나면서 반드시 문제가 생겼다. 신앙이 지속적으로 성장하지 못하고 침체될 때가 있다 보니 하나님을 보지 않고 돈을 준 사람을 보게 되는 것이다. 그러다 보면 관계가 깨어지고 사람 눈치를 보다가 스스로 떠났다. 돈 주는 목회는 반드시 망한다. 물질로 하는 목회, 돈 주는 목회는 진정한 목회가 아니다. 그것이 하나님이 내게 주신 교훈이었다.

쓸쓸하게 막 내린 짝사랑 목회

'모든' 아이를 '다 품는' 목회를 하려다가 점점 탈진이 되어 가던 어느 날, 나는 '리더를 키워야 한다'는 생각이 들었다. 아이들을 리더로 키우기 위해서는 그들의 삶에 구체적으로 영향을 미치고 그들을 양육하는 과정이 필요했다. 그래서 몇 명을 선별해 일대일 멘토링을 시작했다. 이 멘토링에 한몫을 한 것이 '삐삐'였다.

휴대전화가 없던 시절 삐삐는 중요한 연락 수단이었다. 나는 선별된 아이들에게 삐삐를 사 주고 연락을 주고받으며 구체적인 돌봄을 시작했다. '삐삐 목회'를 한 것이다.

삐삐 목회 시절, 기억나는 한 아이가 있다. 늘 죽고 싶다는 생각에 사로잡혀 있던 녀석이었다. 새엄마가 들어오면서 가정에 잘 적응을 못했던 모양이다. 한번은 대천 앞바다로 수련회를 갔는데, 그 아이는 물놀이를 하다가 그대로 깊은 곳으로 헤엄쳐 들어가 죽고 싶다는 생각이 들었다고 털어놓았다.

그러다 그 녀석이 자살을 실행에 옮기려고 마음을 먹었다. 그 아이가 살고 있는 아파트는 11층이었는데, 투신자살을 하려고 했다. 11층이다 보니 뛰어내리기만 하면 죽는다. 베란다에 서서 호흡을 고르고 있는데 갑자기 책상에서 "삑삑, 삑삑, 드르륵, 드르륵" 하는 소리가 났다는 것이다.

누가 삐삐를 쳤나 해서 잠시 자살을 미루고 자신의 방으로 되돌아와 확인해 보니 목사님이었다는 것이다. 그 순간 그 녀석은 목사님과 사모님 생각이 나서 죽을 수가 없었다고 했다. 그때 그 아이의 마음속에 어떤 생각과 감정들이 오갔는지는 알 길이 없다. 중요한 것은 그 아이가 우리를 생각하고 자살을 포기했다는 사실이다. '삐삐 목회'를 통해 한 생명을 살리신 하나님께 감사할 따름이다.

삐삐 목회로 일대일 멘토링을 했던 또 한 아이는 초등학교 2학년 때 아버지와 사별하고 할아버지와 함께 살던 아이였다. 논리적이고 똑똑한 아이였다. 유교 집안의 장손인 탓에 할아버지는 손자가 교회 나가는 것을 반대했다. 본인은 할아버지께 오직 공부로 보답해야 한다는 생각에 교회에 올 수가 없었다.

할 수 없이 아내가 야간 자율학습 시간에 아이의 학교로 찾아가 대화를 나누며 돌보았다. 한동안 그렇게 양육이 이루어졌다. 그러나 고등학교를 졸업하고 다른 지역으로 떠나면서 소식이 끊겼다.

오랜 세월이 흐른 뒤 우연히 그 아이를 만난 적이 있었다. 어느새 결혼을 앞둔 예비 신랑이 되어 있었다. 어떤 선교 단체에서 활동하고 있다고 했다. 하나님은 그 만남을 통해 내게 큰 위로를 주셨다. 나는 그 아이를 보며 하나님의 때에 하나님께서 열매 맺게 하시는 것을 알게 되었고 떠나 보내는 아픔을 통해 결국 나를 키우셨다는 것을 깨달았다.

당시 멘토링 목회는 실패로 끝났다. 많은 노력과 시간과 애정을 쏟아부었지만, 떠날 놈은 결국 떠났다. 여러 아이들을 양육했지만 어느정도 키워졌다 싶으면 떠났고, 쓸 만한 놈이다 싶으면 또 떠났다.

그때가 1999년이었다. 당시 내가 느꼈던 것은 슬픔이었다. 정말 부모 마음 다르고 자식 마음이 달랐다. 내 마음은 너무도 애절했지만 아이들은 달랐다. 더욱이 복지관에서 쫓겨나고 갈 곳이 없어지자 아이들은 서서히 떠나가기 시작했다. 내게는 정말 '목숨 같은 자식들'이었다. 함께 떡볶이를 먹고, 함께 공을 차며, 온몸으로 뒹굴면서 키워 온 자식들이었다. 함께 통곡하며 기도하고, 오락실로, 술집으로 잡으러 다니며 키워 낸 아이들이었다. 장년 성도 하나 없이 오로지 열정과 땀으로 길러 낸 아이들이었다. 때로는 탈진하며, 때로는 울며, 때로는 벅찬 감격으로 양육한 아이들이었다.

그러나 그렇게 목숨 같던 아이들을 향한 나의 사랑은 복지관에서 쫓겨나면서 끝이 났다. 가난한 한 목회자의 쓸쓸하고 아픈 짝사랑으로….

카타콤에 깃든 희망의 온기

드디어 봄이 왔다. 잔인한 봄이었다. 자존심 때문에 신임 복지관장에게 "봄이 되면 나가겠다"라고 큰소리는 쳤지만, 사실 아무런 대책도 없었다. 마음이 복잡했다. 그렇다고 이미 내뱉은 말을 다시 주워 담을 수도 없었다. 주변의 산에는 어느새 옅은 봄물이 들고 있었다. 겨우내 헐벗었던 나뭇가지에 뾰족뾰족 새순이 돋고 있었다. 하지만 내 마음속에는 여전히 한겨울 북풍이 휘몰아치고 있었다.

복지관에서 나온 후, '다시 개척할 만한 곳이 없을까?' 하는 생각만 하며 여기저기를 돌아다녔다. 그러나 돈이 없는 우리 형편에 마땅한 자리가 있을 리 없었다. 그저 하나님께 기도하는 것이 내가 할 수 있는 전부였다. 답답하고 고통스런 시간이었다.

그러던 어느 날, 인근의 부동산 사무실을 돌아다니다가 아주 적은 금액으로 지하실 창고를 얻을 수 있다는 이야기를 듣게 되었다. 주택가 3층짜리 건물의 지하였다. 일단 가 보기로 했다. 그런 금액으로 임대를 할 수 있다는 것만으로도 관심이 쏠렸다. 부동산 중개업자와 함께 도착한 지하실은 말 그대로 '창고'였다. 바닥은 공사를 하다가 만 채 방치되어 있었고, 쓰레기더미가 어지럽게 널려 있었다. 전기도 들어오지 않는 캄캄한 곳에 고구마 박스만 잔뜩 쌓여 있었다.

하지만 나는 그저 기뻤다. 다시 예배를 드릴 수 있다는 사실 하나만으로도 이미 감격스러웠다. 그곳이 어떤 곳이냐는 전혀 중요하지 않았다. 나는 그 자리에서 주인과 구두로 계약을 하고 집으로 돌아왔다.

그렇게 약속을 하고 돌아오기는 했지만, 내 수중에는 10원 한 푼도 없었다. 우리 가족의 생계는 전적으로 아내가 책임지고 있었다. 아내는 결혼 초부터 신학생이 된 남편의 공부 뒷바라지를 했고, 혼자 벌어서 4남매를 길러 왔다. 남편은 교회가 직장이기는 했지만 교인은 모두 청소년들뿐이다 보니 헌금이 있을 리 없었고 사례비가 있을 리 만무했다.

하나님의 도우심을 믿고 선뜻 "계약하겠다" 말하고 돌아왔지만 내심 고민이 되었다. 복잡한 마음으로 하나님 앞에 무릎을 꿇었다.

"주님, 도와주십시오. 주님의 자녀들이 갈 곳이 없습니다. 주님의 도우심이 정말 절실합니다!"

그렇게 기도하고 있는데, 복지관을 나온 이후에도 우리를 떠나지 않고 집으로 찾아오는 아이들의 얼굴이 떠올랐다. 그 아이들과 함께 기도하는 것이 더 낫겠다는 생각이 들었다. 그래서 아이들에게 교회 예배당 자리가 생겼다는 소식을 보내고 모두 불러 고구마 창고로 데려갔다. 현관 쪽으로 스며드는 희미한 불빛에 의지해 아이들과 손을 잡고 하나님께 매달렸다.

"하나님, 이곳 주세요. 하나님, 필요한 돈도 주세요."

우리가 할 수 있는 것은 기도밖에 없었다.

집주인이 제시한 고구마 창고의 전세금은 1,500만 원이었다. 하지만 당시 나로서는 '일단 저지르고 보자'라는 생각으로 모험을 걸

만한 상황이 아니었다. 물론 그 장소는 우리에게 너무도 절실한 공간이었지만 우리의 경제적 사정은 그렇지 못했다. 어쩌면 돈이 없어도 덜컥 계약부터 해놓고 보는 것이 진짜 믿음일지도 모르지만, 나는 그런 믿음은 별로 좋아하지 않는다.

그 대신 하나님께 나름대로 '이쁜 짓'(?)을 하려고 발버둥을 친다. 남들이 볼 때 '저렇게 해서 될까?' 하는 그런 무모한 믿음 말이다. 가령, 돈을 마련하기 위해 사람들을 찾아다니기보다는 전혀 도움이 될 것 같지 않은 아이들을 데리고 하나님 앞에 그저 엎드리는 것이다. 일이 생기면 하나님이 내 기도를 들어주실 수밖에 없도록 먼저 나는 하나님 앞에 엎드린다. 뒤돌아보면 나의 그런 행동을 하나님께서는 오히려 기뻐하셨다는 생각이 든다.

"하나님, 돈을 주셔도 하나님이 원하시는 목회를 할 것이고, 돈을 주시지 않아도 하나님이 원하시는 목회를 할 것입니다. 또 장소를 주시지 않으면 집 근처 공원에서라도 예배를 드리겠습니다."

그렇게 며칠을 기도했다. 그런데 참으로 놀라운 일이 벌어졌다. 하나님의 역사는 정말로 인간의 생각을 뛰어넘어 전혀 뜻밖의 방식으로 이루어진다. 복지관 지하에 있을 때, 아내의 권유로 우리 교회에서 딱 한 번 예배를 드리고 간 기간제 교사가 있었다. 그 자매는 청주에서 근무 기간을 마치고 서울로 올라갔는데 어느 날 갑자기 아내에게 전화를 걸어 왔다. 서울에 가서 자기 언니에게 우리 교회의 형편을 이야기했는데, 그 언니가 1,000만 원을 헌금하겠다고 한다는 것이었다. 어떻게 이런 우연이 일어날 수 있단 말인가?

그 일로 인해 정말 기적적으로 고구마 창고를 계약하게 되었다. 1,000만 원이 마련되자 나머지 돈도 생각지 않은 방식으로 채워졌다. 그런데 산 너머 산이었다. 그때는 장소를 마련하는 일이 워낙 절박하고 급선무다 보니 돈만 지불하면 모든 것이 다 될 줄 알았다.

그런데 전세금을 지불하고 지하에 쌓여 있던 고구마 박스들을 다 빼내고 나니 대책이 서질 않았다. 공사를 하다가 만 건물이라 창문도 없고 출입문도 달려 있지 않았다. 무엇부터 손을 대야 할지 막막하기만 했다. 예배를 드리려면 강단도 만들어야 하고, 강대상도 있어야 하고, 아이들이 앉을 장판도 깔아야 하는데…. 눈앞이 캄캄했다. 제대로 갖춰진 것이라고는 정말 아무것도 없었다. 바닥 보일러 공사, 천장 공사, 전기 공사, 유아실, 음향시설….

"하나님! 어떻게 해야 합니까?"

한참을 그렇게 멍하니 서 있었다. '그렇다고 이렇게 주저앉아 있을 수만은 없는 노릇이 아닌가' 하는 생각이 들었다. 뭐가 됐든 뭐라도 시작해야 했다. 손 놓고 한숨만 쉬고 있을 수가 없었다. 일단 할 수 있는 것부터 시작했다. 만들 수 있는 것은 직접 만들기 시작했다. 또 들쭉날쭉 교회를 찾아오는 아이들을 불러 함께 일하자고 부탁했다. 이곳저곳 찾아가서 배워 가며 보일러를 설치하고, 아이들과 모래를 나르며 바닥 공사를 했다. 얻어 온 벽돌로 강단을 쌓고 인근의 흙을 퍼다 바닥을 채웠다. 시멘트를 바르면서 난생 처음 미장일을 했다. 건축 일은 처음 해보는 터라 한없이 어설프고 해야 할 일은 한도 끝도 없었다. 잠자리에 누울 때마다 뼈마디에서는 두둑 두둑 소리가 났다. 몸은 물먹은 솜처럼 한없이 무거웠고 자리에 누우면 숨이 꺼질 듯 잠 속으로 빠져들었다.

예배 공간이 마련됐다는 소문이 돌자 이전의 아이들이 한 명, 두 명, 공사현장으로 찾아오기 시작했다. 아이들은 모두 '고구마 창고 교회' 공사를 하느라 소중한 봄방학을 헌납했다. '개미군단'의 위력은 대단했다. 작지만 부지런한 일개미들의 힘으로 대공사가 진행되어 갔다. 처음에는 도저히 그림이 그려지지 않던 공간에 작은 빛들이 생겨나기 시작했다. 정리가 되고 형광등이 달렸다. 벽에는 도배지가 발리고 어설프지만 현관문이 달렸다. 강단이 만들어지고 강대상이 세워졌다. 그렇게 맨손으로 30평의 카타콤(지하교회)이 세워졌다.

마침내 모든 것이 완성되던 날, 우리는 서로 손을 맞잡고 이전감사예배를 드렸다. 나도 울고 아이들도 울었다. 눈물 젖은 감사예배였다. 가슴 한구석 뿌듯한 감동과 먹먹함이 예배 내내 우리를 떠나지 않았다. 그 예배당은 하나님의 집인 동시에 봄방학을 고스란히 반납한 채 먼지에 콜록거리며 비지땀을 쏟아부은 '아이들의 교회'였다.

내 목회는 '파송 목회'

이전예배를 드린 후 교회 이름을 '꿈이있는교회'로 바꾸었다. 새로운 도약을 하자는 뜻을 담은 이름이었다. 그곳에서 '주를 위해 꿈을 꾸는' 하나님의 자녀들을 다시 키워 보겠다고 굳게 다짐했다.

사실 아이들만 데리고 목회를 하다 보면 설움을 많이 겪는다. 어쩌다 노회라도 가면 "그게 교회요?" 하는 사람이 있는가 하면, "헌금도 하지 않는 아이들과 도대체 뭘 하겠다는 건지…" 하며 비아냥거리는 사람도 있었다. 속된 말로 "놀고 있네"라는 시선들이었다.

그러다 보니 노회에 가는 것이 영 기쁘지가 않았다. 그렇지만 교회가 많이 어렵다 보니 한때는 노회의 도움을 받고 싶은 유혹을 받기도 했다. 어느 날 아이들에게 "얘들아, 목사님이 노회에 가서 우리 교회 사정을 이야기하고 돈을 좀 얻어 올까? 목사님이 정치 활

동을 하면 노회로부터 지원금 100만 원 이상은 받을 수 있을 텐
데….”

그랬더니 아이들은 펄쩍 뛰었다.

“목사님! 그런 분들 돈 받지 마세요. 나중에 우리가 돈 벌어서 목
사님 용돈 많이 드릴게요.”

기특한 녀석들이다. 이렇게 기특한 녀석들이지만, 그 녀석들을
선택하기 위해서는 내가 포기해야 할 부분도 분명 있었다. 노회에
서 당하는 설움과 다른 목회자들의 껄끄러운 시선도 그렇지만, 문
제는 장년 목회가 불가능하다는 현실이었다.

주된 목회대상이 청소년들이다 보니 나로서는 ‘이벤트 목회’가
필수적이었다. 이벤트를 하지 않고는 아이들과 함께할 수 없었고,
그들과 하나가 되지 않으면 아이들이 말씀을 듣지 않았기 때문이
다. 그러다 보니 자연히 예배가 길어질 수밖에 없었다.

연로하신 장인어른과 장모님은 인심을 쓰신다며 우리 교회에 출
석하고 계셨다. 내 속이 타는 줄도 모르고 장인 장모까지 예배가 길
다며 불평을 하셨다. 몇 안 되는 장년 성도들은 청소년 중심의 예
배를 힘들어했다. 예배를 드리고 나면 은혜 받았다는 말은 고사하
고 “예배가 길어요”, “설교가 길어요” 하며 불평을 늘어놓았다. 아
이들이 많아서 장년들이 교회에 나오기 어려웠다. 그래서 어른들은
교회에 왔다가도 바로 떠났다.

교회에 나왔다가 떠난 장년들을 심방해 보면 공통적으로 변화를 싫어했다. 열정적인 예배를 싫어했고 전통교회보다 긴 예배시간을 못 견뎌했다. 거기에 삶을 바꾸라고 하는 나의 강한 메시지를 부담스러워했다. 그뿐만이 아니었다. 장년들은 교육받는 것을 싫어했다. 은혜 받는 것은 좋아했지만 말씀 읽는 것은 싫어했다. 설교를 통해 말씀을 듣는 것은 좋아했지만 스스로 말씀을 읽고 경건의 시간을 갖는 것은 싫어했다. 기도회는 좋아했지만 성경공부는 싫어했다.

하지만 아이들은 달랐다. 성경을 읽으라고 하면 성경을 읽었고, 성경공부를 하자고 하면 곧바로 따라왔다. 삶에서 바꿔야 할 점들을 설교하면 곧 바꿨고 책망을 하더라도 그것이 옳다고 느껴지면 바로 수용했다. 경건의 시간을 갖자고 하면 스스로 경건의 시간을 자신의 삶으로 흡수했다. 그러다 보니 우리 교회는 자연스럽게 '청소년 천국'이 될 수밖에 없었다.

하지만 이것은 어디까지나 나의 착각이었다. '아이들은 어른과 다르다'는 희망 섞인 착각이었던 것이다. 아이들도 한참 양육을 해서 어느 정도 자랐다 싶으면 교회를 떠났다. 이제 좀 목회에 도움을 줄 수 있으려나 기대하면 떠났다. 기대치를 한 단계 높이면 떠났고, 탈선을 끝내고 겨우 돌아오면 이성에 눈을 뜨는 바람에 떠났다. 잘난 녀석은 공부해야 한다고 나가고, 중심이 좀 있다 싶은 녀석은 구속받는 것 같다며 도망갔다. 그동안 아이들에게 쏟은 노력과 사랑과 가르침은 온데간데 없고 아이들이 떠난 자리에는 찬바람만 모질게 불었다. 그때마다 내 가슴에는 굵은 대못이 소리 없이 박혔다.

한번은 특별히 깊은 상처가 된 일이 있었다. 한 녀석을 목회의 동역자로 키워 보려고 여러모로 마음을 쏟았다. 함께 경건의 시간도 갖고 기도도 하면서 정성을 쏟아 멘토링을 했다. 그런데 그런 노력도 부질없었다. 머리가 깨어나고 똑똑해지자 구속을 싫어했다. 이성교제가 겹치면서 그 녀석마저 교회를 떠나 버렸다. 청소년, 청년때의 이성교제는 하나님도 못 말리시는 일인 것 같다.

이 사건은 나를 비틀거리게 할 정도로 큰 충격을 주었다. 하지만 그것이 하나님의 교훈이었다. 사람에게 매달리는 목회는 결국 실패할 수밖에 없다. 나는 경험을 통해 그것을 배웠다. '사람을 믿지 마라!' 이것은 이미 복지관에서 쫓겨날 때 배웠던 교훈이었다. 그런데도 목회를 하면서 자꾸 반복하게 되는 동일한 실수였다.

처음 교회를 개척할 때는 '목회는 개척, 개척이 곧 목회'라는 생각으로 교회를 개척했다. 그때는 장소도, 목회 대상도, 교인수도 문제가 되지 않았다. 더구나 교인이 아내와 자식 넷뿐이다 보니 기댈 만한 사람도 없었다. 하나님이 사람을 주시면 '사랑만 하리라, 섬김만 하리라'는 각오로 목회를 시작했다.

목회를 시작한 후에도 항상 이렇게 기도했다. '하나님, 제가 사람을 의지하지 않게 해주십시오. 온전히 하나님만 의지하게 해주십시오. 사랑만 하게 해주십시오. 섬김만 할 수 있게 해주십시오.' 그랬음에도 불구하고 "나가 주셔야겠습니다"라고 했던 복지관장의 냉담한 한마디에 깊은 상처를 받았다. 끝없이 하나님만 바라보려고 애썼지만 나는 그렇게 연약한 존재였다. 그때 다시 쓰린 마음으로 하나님 앞에 엎드렸다. 복지관 지하에서 아내와 마지막 새벽기도를 마치고 서로 마주 앉았는데, 아내가 말했다.

"여보, 하나님이 사람 믿지 말고 목회하래요…."

그 순간 아내는 입으로, 나는 머리로 같은 말씀을 받고 있었다. 그날 새벽 하나님께서는 '개척의 첫 마음'을 다시 회복시켜 주셨다. 그런데도 나는 동일한 실수를 반복하고 있었던 것이다. 그렇게 수없이 아픔을 반복하면서 마음을 바꾸게 되었다.

'그래, 보내자! 내가 잘 키워서 떠나보내자! 어디로 가든 그것이 무슨 대수겠는가? 잘 커서 주님을 위해 살면 되는 것 아닌가? 보낼 수 있을 때 보내자!'

나는 그렇게 끊임없이 보내는 연습을 했다. 내가 상처받지 않기 위해서라도 계속해서 보내야 했다. 그러다 보니 나의 목회는 '파송 목회'가 되었다.

"어린 시절 내 분신 같은 저들…,
어떻게 해야 저 아이들에게 희망을 줄 수 있을까?"

제2부 제자훈련을 만나다

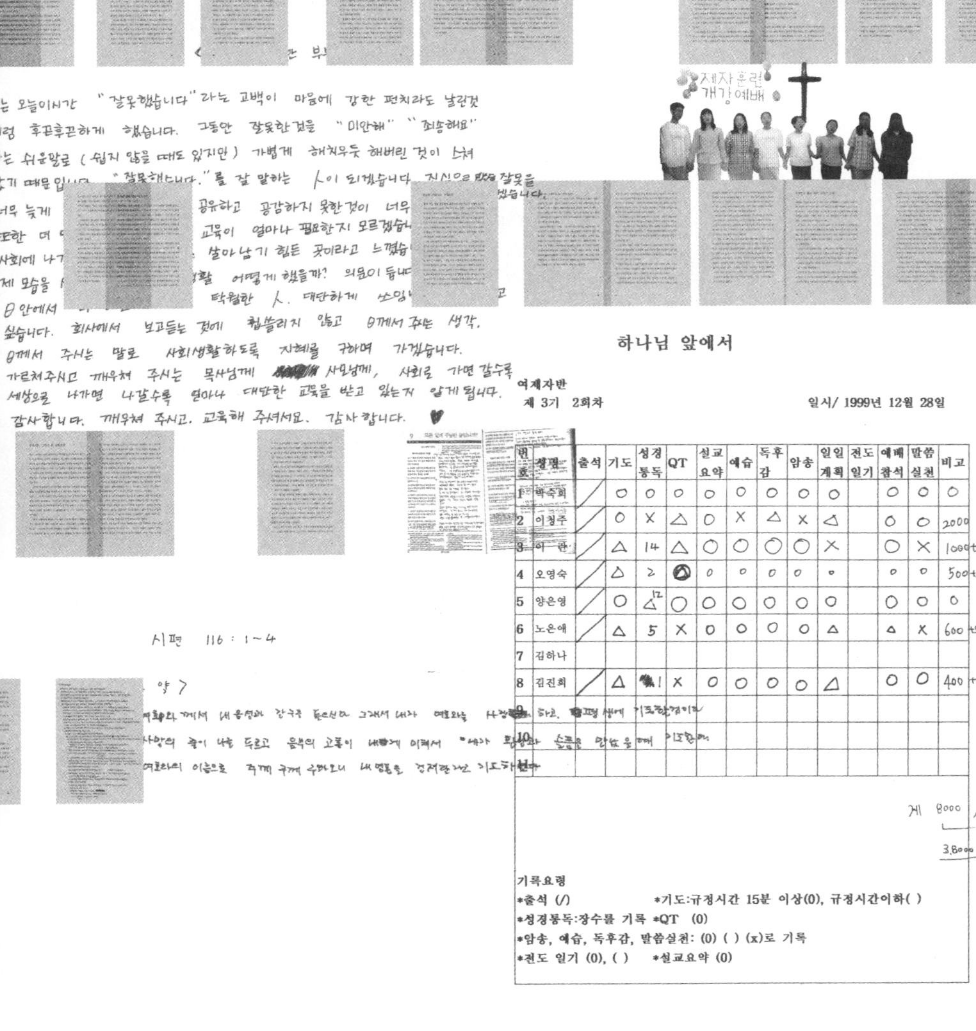

하나님 앞에서

여제자반
제 3 기 2회차

일시/ 1999년 12월 28일

번호	성명	출석	기도	성경통독	QT	설교요약	예습	독후감	암송	일일계획	전도일기	예배참석	말씀실천	비고
1	박숙희	/	O	O	O	O	O	O	O	O		O	O	O
2	이청주	/	O	X	△	O	X	△	X	△		O	O	2000
3	이 관	/	△	14	△	O	O	O	O	X		O	X	1000+450
4	오영숙	/	△	2	⊙	O	O	O	O	o		o	o	500+450
5	양은영	/	O	△12	O	O	O	O	O	O		O	O	O
6	노은애	/	△	5	X	O	O	O	O	△		△	X	600+450
7	김하나													
8	김진희	/	△	※1	X	O	O	O	O	△		O	O	400+450
9														
10														

계 8000

3,8000

기록요령

*출석 (/) 　　*기도:규정시간 15분 이상(0), 규정시간이하( )

*성경통독:장수를 기록 *QT (0)

*암송, 예습, 독후감, 말씀실천: (0) ( ) (x)로 기록

*전도 일기 (0), ( ) *설교요약 (0)

'나의 아이들'은 사랑스러웠다. 그 천진한 양떼들은 하나님의 말씀을 사모했고 성령에 갈급해 했다. 자신의 죄를 자복하고 천국의 은혜를 맛보고 싶어 했다. 그래서 예배 때마다, 기도회 때마다 통곡하며 회개했다. 그러나 그 아이들이 보여주는 '천국의 풍경'은 여기까지였다. 아이들은 교회의 문을 나서는 순간, 세속의 혼돈 속으로 젖어들었다.

아이들의 환경이 워낙 열악했다. 교회에서는 성숙한 모습을 보이던 아이들도 집에만 갔다오면 원 상태가 되어 돌아왔다. 아니, 오히려 더 나빠져서 돌아오는 아이들도 있었다. 그렇게 반복되는 아이들의 모습을 보면 온몸의 힘이 다 빠져나가는 느낌이었다. 때로는 절망하기도 했다.

그렇지만 그들을 포기할 수는 없었다. 그것은 하나님이 내게 주신 사명이었고, 내 목회의 중심이었고, 내 삶의 목적이었다. 환경이 열악하다고, 힘이 든다고, 열매가 나타나지 않는다고 포기할 수 있는 일이 아니었다. 내가 손을 놓는 순간 그들의 미래 역시 사라지기 때문이다. 내가 온 세상을 구할 수는 없지만 내게 주어진 놈들을 포기할 수는 없지 않은가! 이렇게 '목숨을 걸고' 목회를 하다 보니 몸에 이상이 나타나기 시작했다. 몸이 늘 피곤하고 힘이 없었다. 가만히 서 있는데도 갑자기 몸에 남아 있던 힘이란 힘은 다 빠져나가는 느낌이 들었다. 책상에 앉아 있다 일어설 때는 어지럼증 때문에 일어날 수조차 없었다. 아침에 잠자리에서 일어날 때는 몸이 물먹은 솜처럼 천근만근 무거웠고 땅속으로 꺼지는 것만 같았다.

처음에는 너무 피곤해서 그러려니 생각했다. 쉬고 나면 괜찮아지겠지, 좀 자고 나면 괜찮아지겠지, 그렇게 생각했다. 그런데 증상은 시간이 흐를수록 점점 더 심해지더니 때때로 앞이 보이질 않았다. 구토까지 나면서 걸음을 떼어 놓지 못하는 날도 있었다.

'내가 이러다가 죽지….'

그 해 여름은 참으로 아프고 외로웠다. 몸도 몸이었지만 정신적으로 '돌파구'가 없다는 사실이 나를 가장 괴롭혔다. 청소년 목회의 돌파구를 찾아야 했다. 이 사람, 저 사람, 유명하다는 사람들의 강의를 아무리 찾아 듣고 세미나도 참석해 보았지만 별 도움이 되질 않았다. 오히려 강의를 듣고 더 큰 절망에 빠지기도 했다.

지독한 외로움 속에서 오직 삼위일체 하나님과 말씀만이 나의 유일한 안내자였다. 길이 보이지 않을 때마다 하나님과 교제하는 시간을 늘렸다. 말씀을 읽고 묵상하며 아이들을 키우는 일에 더 집중했다. 청소년 목회이기는 했지만 어른 목회와 동일한 방식으로 아이들을 양육했다. 설교를 소홀히 하지 않았다. 주일 설교에 목숨을 걸었다. 지금도 내 목양실에는 그동안 설교한 원고와 테이프가 가득 차 있다. 나는 설교 원고를 쓰고 또 썼다. 그리고 내가 설교한 내용을 다시 듣고 또 들으며 나 자신을 고치고 훈련했다.

큐티 교육도 쉬지 않았다. 청소년들을 붙잡고 끊임없이 큐티 교육을 하고 나눔을 훈련했다. 복지관 교회 때부터 지금까지 새벽예배 설교를 큐티 본문으로 하고 있다. 그래서 우리 교회는 전 교인이 큐티를 한다. 지금도 우리 교회에 등록한 교인은 새가족 단계를 넘어서자마자 큐티를 훈련시킨다.

그럴 즈음, 나는 "제39기 평신도를 깨운다 제자훈련 지도자 세미나"에 등록했다. 그 전에도 돌파구를 찾기 위해 이런저런 세미나에 참석하곤 했다. 세미나를 통해 새로운 지식을 배우기도 했고 내가 아는 사실들을 재확인하기도 했다. 하지만 세미나는 어디까지나 세미나였다. 세미나에 참석한다고 해서 모든 문제가 해결되는 것은 아니었다. 아무리 좋은 세미나도, 아무리 훌륭한 프로그램도, 그것은 하나의 세미나요, 프로그램일 뿐이었다. 거기에 담긴 노하우와 아이디어들은 내가 처해 있는 상황과 너무 동떨어져 있었다. 내가 그것들을 흡수하고 체화해서 나의 목회 상황에 응용하고 구현해 내는 것은 또 다른 문제였다. 더구나 내가 처한 목회환경은 특수(?)해서 비슷한 사례조차 찾을 수가 없었다.

그동안 내가 목회를 제대로 하고 있는지를 확인할 길이 없었다. 장년 목회가 아닌 청소년 목회만을 계속하다 보니 노회에서도, 가까운 친척들도, 다른 목회자들도 비정상적인 목회를 한다는 듯 미심쩍은 눈초리들을 보냈다. 그런 시선과 반응들을 느낄 때마다 마음이 힘들었다. 무엇보다 참조하고 따를 만한 모델이 없다 보니 외로웠다. 혼자 있을 때면 '내 목회가 바른 것인가? 잘 가고 있는 것인가?' 하는 의구심이 들었다. 하지만 점검할 방법이 없었다.

그때 내 눈에 제자훈련 지도자 세미나 광고가 들어왔다. '그래, 세미나는 이게 마지막이다'라는 심정으로 참여했다. 그래서였을까? 제자훈련 지도자 세미나는 많이 달랐다. 단순히 기술이나 지식을 전달하는, 혹은 요령을 가르쳐 주는 세미나가 아니었다. 목회의 본질적인 부분을 건드렸고 사역의 방향을 이야기했다. 그리고 거기에 구체적인 방법과 노하우가 접목되었다. '아! 이거다!' 하는 생각이 들었다. 제자훈련 세미나는 그동안 내가 해왔던 목회가 잘못된 것이 아니라는 확신을 주었다. 내가 올바른 방향으로 제대로 가고 있음을 확인하게 되었다.

제자훈련 세미나에서 특히 내 마음을 흔든 것은 옥한흠 목사님의 '광인론'이었다. '광인론'은 옥목사님의 개인적인 이야기이기도 했지만 동시에 나의 이야기이기도 했다. 나는 옥목사님의 이야기에 동질감을 느꼈고 위로를 받았으며 확신을 얻었다. 마치 옥목사님이 직접 나에게 이렇게 말하고 있는 것처럼 느껴졌다.

"반목사, 잘하고 있어. 반목사, 잘 가고 있는 거야."

그 강연은 내 가슴을 파고들었고 정말 눈물이 날 정도로 위로를 안겨 주었다. 그동안의 외로움과 고독이 모두 치유되었다.

1998년 11월 14일, 그렇게 제39기 제자훈련 지도자 세미나를 수료했다. 아픈 기억도 있었다. 지도자 세미나 등록 신청을 하던 날이었다. 신청서를 쓰다 보니 '장년 교인수'를 쓰는 난이 있었다. 참으로 난감했다. 우리는 장년 교인이 거의 없었기 때문이다. 그렇다고 목사가 거짓말을 할 수는 없어서 신청서를 받아 들고는 한참을 고민했다. 숫자를 안 쓸까 하다가 그러면 신청을 받아 주지 않을 것 같았다. 그래서 기도했다. "하나님, 저는 이 신청서에서 '장년'이란 글자는 못 봤습니다. 그냥 '교인수 몇 명'으로 쓰라는 것으로 알고 적습니다." 그러고는 해당란에 '70명'이라고 적었다. 수료를 할 때까지 마음 한구석이 조마조마했다.

이 고민은 세미나를 받는 동안에도 계속 나를 물고 늘어졌다. 세미나에서 다루고 있는 교회들은 모두 장년 중심인데 우리 교회는 아이들뿐이니 답이 보이질 않았다. 물론 한 사람, 한 사람과 씨름해야 한다는 '한 사람 철학'에는 깊이 공감이 되고 강하게 "아멘"이 터져 나왔지만, 그러는 가운데서도 내 마음속의 고민은 점점 더 깊어지고 있었다.

우리 교회의 장년은 겨우 네 명이었다. 그나마도 두 명은 장인과 장모였다. 그 외에 순수한 장년 교인은 한 가정의 부부였다. 그런데 이들을 데리고 어떻게 제자훈련을 해야 할까? 답이 나오질 않았다. 청소년은 많지만 '그 녀석들을 데리고 정말 제자훈련이 될까?' 하는 의구심이 들었다. 더욱이 그들 대부분은 문제투성이인 놈들인데, '과연 제자훈련을 하자고 하면 제대로 따라와 줄까? 아예 돌아서 버리지는 않을까?' 하는 의문들이 계속 꼬리를 이었다. '또 제자훈련을 한다면 어떻게 접목시켜야 하는 걸까? 토양은 어떻게 만들어야 하는가?'

나는 세미나 내내 이런 고민 속에서 번민하고 갈등했다. 하지만 세미나를 수료하면서 마침내 고민을 털고 결심을 했다. 청주로 돌아온 나는 조용히 사역을 재점검했다. 나의 양떼가 비록 청소년들이기는 하지만 그들도 어른과 동일하게 '그리스도의 제자로 서야 한다'는 뜨거운 마음이 솟구쳤다. 지금까지 해온 일도 결국은 그것이었지만, 이제는 좀 더 확신을 가지고 그 방향을 향해 달려가야겠다고 결심하게 되었다. 어른의 양식이 다르고 아이의 양식이 다른 것이 아니었다. 본질은 하나였다. 다만, 성숙도와 역량에 따라 그것을 제공하는 방식에 차이가 있을 뿐이었다. 그래서 나는 옥목사님의 제자훈련 교재로 아이들을 어른들처럼 훈련시키기 시작했다.

새로운 목회철학을 정립하다

제자훈련으로 아이들을 교육하면서 아이들의 믿음이 좋아지고 성장하는 것이 보였다. 그러나 그것만으로는 무엇인가 부족하다는 느낌이 들었다. 교육과 훈련이 전부는 아니었다. 이 문제를 놓고 하나님께 기도했다.

그렇게 기도하는 중에 내 머릿속에 한 단어가 스쳐갔다. 바로 '삶'이었다. 삶을 통해 전달되지 않는 지식은 살아 있는 지식이 아니었다. 교육과 훈련만으로는 부족하다고 느껴지던 부분이 바로 그것이었다. 나는 '아이들을 데리고 함께 살아야 진짜 제자가 되겠구나' 하는 깨달음을 얻었다. 그래서 '함께 사는 공동체 제자훈련'을 계획하게 되었다.

그런데 '함께 사는 공동체'를 만들려면 장소가 필요했다. 이 부분에서 다시 벽에 부딪쳤다. 손 벌릴 곳이 없다 보니 노회의 문을 두드릴 수밖에 없었다. 소속 노회에 거처를 마련할 수 있도록 지원금을 달라고 요청했더니 이것저것 서류 열 통을 갖춰서 노회 전도부에 제출하라는 회답이 왔다. 그러면 개척교회 사례비와 지원금을 요청해 보겠다는 대답이었다.

나는 '혹시나' 하는 마음에 없는 돈을 들여 교회 현황을 소개하는 사진을 찍고 서류 열 통을 준비해서 전도부로 보냈다. 1년을 기다려도 소식이 없었다. 오랜 시간이 지나서야 안 사실이지만, 내가 올린 서류는 검토조차 되지 않은 채 폐기되었다고 한다. 정치 활동을 하지 않는 목사이니 지원 대상 목록에도 올라가지 않았던 것이다. 나의 현실을 절감했다. 차라리 손 벌리지 말 것을…. 그후로 나는 외부로부터 지원을 기대하는 마음 자체를 버렸다. 그렇게 해서 우리 교회는 개척 때부터 지금까지 노회의 지원은 1원 한 장도 받지 않았다.

'함께 사는 공동체'에 대한 꿈은 지연되었지만, 목회를 멈출 수는 없었다. 마음을 다잡고 새로운 목회철학을 정립하기 위해 정진했다. 끝없이 자신에게 질문했다. 그 1단계는 내가 과연 '어떤 목회를 할 것인가' 하는 질문이었다. 이를 위해 다른 교회 청년부 담당 목회자들에게 조언을 구했다.

"청소년 목회를 통해서도 건강한 교회를 세울 수 있습니까?" 나름대로 심각하게 질문했지만 대답은 대체로 비관적이었다. "청년 목회도 흐르는 물에 집을 짓는 것과 같습니다. 그러니 청소년 목회를 통해 건강한 교회를 세운다는 것은 더더욱 불가능한 일일 것 같습니다."

그런 대답을 들을 때마다 나도 모르게 한숨이 새어 나왔다. '그러면 청소년뿐인 우리 교회는 어떻게 해야 한단 말인가? 만약 지금이라도 장년 목회로 전환한다면 지금 있는 청소년들은 어떻게 해야

한단 말인가?'

아무리 질문해도 답이 나오지 않았다. 하나님 앞에서 '결단'만이 살 길이었다. '사람의 말'은 버리기로 했다. 오직 하나님만 바라보기로 했다. 의구심이 들고 회의가 찾아올 때마다 더욱 하나님만 의지하기 위해 몸부림쳤다. 어차피 하나님이 주신 아이들이었다. 하나님은 내게 장년이 아니라 아이들을 주셨다. 그들은 하나님이 내게 주신 양이었다. 목자가 자신의 양떼에 마음을 다하지 않는다면 어떻게 목양을 할 수 있겠는가! '나는 내 양떼에게 최선을 다한다'라는 생각으로 사역에 더 치열하게 매달리기로 결단했다.

먼저 교회의 목회철학과 비전을 다시 정립했다.

첫째, 평신도를 동역자로 세우는 교회.

둘째, 다음 세대를 세우는 교회.

셋째, 선교적 사명을 감당하는 교회.

넷째, 성경적 공동체를 이루는 교회.

이것이 내 목회의 기본 토대이자 뿌리였다. 나의 목회철학이자 비전이기도 했다. 어차피 내게 주어진 양떼는 청소년뿐이니 그들의 미래에 비전을 둘 수밖에 없었다. 차근차근 그들을 양육하고 훈련시켜 교회의 동역자로 세우고, 그들에게 사역을 맡기는 것이 하나님의 뜻을 이루는 길이었다. 그리고 그 안에 하나님의 지상 명령을 준행하는 교회가 되기 위해 선교적 사명을 감당한다는 내용을 포함시켰다. 또 사도행전 2장에 나타난 예루살렘 교회 공동체의 아름다운 모습을 사모하며 우리 역시 그런 성경적 공동체를 이루어 가기 위해 노력하겠다는 다짐을 넣었다.

이런 목회철학을 명확하게 정립하고 나니 내가 해야 할 일이 무엇인지 또렷해졌다.

"이 아이들을 이곳 지하실에서 양육하고 훈련시키는 일에 미치리라! 이 아이들을 예수님의 제자로 훈련시키는 일에 또 한 사람의 광인이 되리라!"

나는 아이들에게 선포했다.

"얘들아, 오늘부터 이곳은 카타콤이다. 오직 믿음으로 살았던 초대교회 성도들처럼 너희들도 이곳에서 믿음으로 세상을 변화시킬 주님의 제자들로 양육될 것이다. 그리고 3년 후에 이곳을 나가자. 나가서 너희들은 세상에서 능력 있는 자들로 다시 우뚝 서게 될 것이다."

아이들은 이 선포에 적극적으로 호응해 주었다. 큰소리로 일제히 "아멘!"을 외쳤다. 그때부터 본격적으로 제자훈련의 '텃밭 다지기'와 '청소년 제자훈련'이 시작되었다.

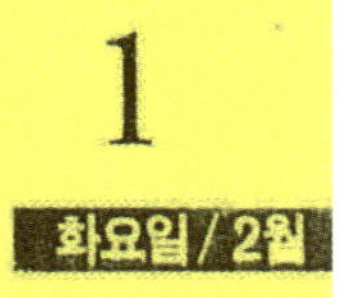

1
화요일 / 2월

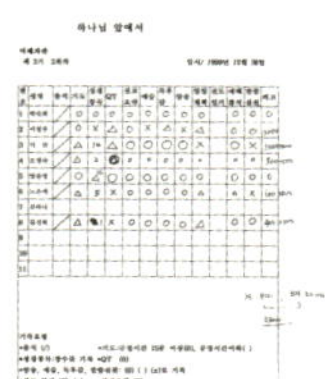

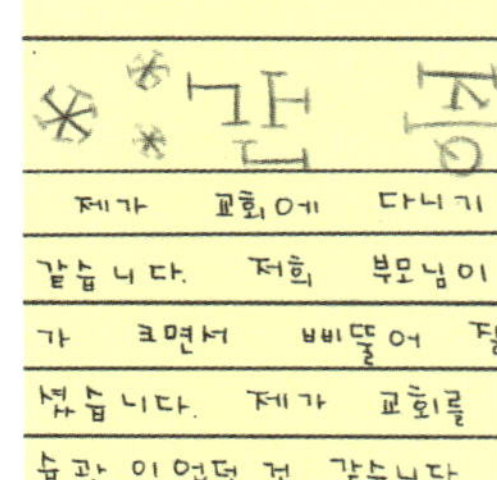

제자훈련, 그리고 또 제자훈련

매주 토요일이 되면 제자양육을 시작했다. 훈련대상은 새가족 교육을 마친 아이들 중에서 선별했다. 학교에서 돌아온 아이들과 함께 라면을 끓여 맨밥을 말아 먹으며 6개월 과정의 '제자양육'을 진행했다. 이 과정 속에는 토요일 저녁 늦게까지 함께 주일예배를 준비하는 것과 교회 청소까지 포함되어 있었다. 이렇게 하자 아이들은 말씀으로 신실하게 성장했다. 학교에서나 가정에서의 생활도 아름다워졌다.

6개월의 양육과정이 끝나면 다시 대상자를 선별해서 '제자훈련'을 했다. 제자훈련은 원래 각자의 집을 방문해서 진행하는 것이 원칙이다. 그런데 제자훈련을 받는 아이들은 부모가 없거나 한부모 가정의 아이들이 많았다. 그나마 부모가 있는 아이들도 가정형편이 어렵거나 부모간 사이가 좋지 않은 경우가 많았다. 그러니 그런 아이들의 가정을 방문해서 제자훈련을 한다는 것은 처음부터 어려운 일이었다.

그래서 교회에서 제자훈련을 하다 보니 이 역시 문제였다. 아이들은 많은데 몇 명의 아이들만 데리고 지하교회를 차지하고 있으니 다른 아이들이 갈 곳이 없어졌다. 난처한 일이었다. 그래서 대안으로 제자훈련 장소를 인근 공원으로 정했다. 또 아이들이 원하면 다른 곳으로 이동했다. 들판으로 나갔다가, 냇가에도 가고, 이리저리 장소를 옮기면서 제자훈련을 했다. 그런데 겨울이 문제였다. 다른 때는 그런대로 감수할 수 있었는데 추운 겨울에는 밖에서 훈련하기가 힘들었다. 궁여지책으로 농사짓는 분에게 컨테이너를 빌려 그 안에서 제자훈련을 하기도 했다.

이렇게 방랑하는 제자훈련이었지만 그 시간만큼은 너무도 행복했다. 아이들끼리 서로 진솔하게 삶 이야기를 나누고 속마음을 털어놓다 보니 매 시간 눈물과 감동이 넘쳤다. 어려운 환경에 놓여 있는 아이들인 만큼 삶 속에 고단함이 많았다. 서로 상대방의 그런 아픔과 고통을 쉽게 이해했고 서로를 위로했다. 그리고 그런 유대감은 현재의 삶을 바꾸고자 하는 무서운 결단으로 이어졌다.

이렇게 청소년 제자훈련이 순조롭게 진행되고 있을 때 장년 몇명이 교회에 정착하게 되었다. 상황이 묘해졌다. 나는 청소년뿐만 아니라 어렵게 정착한 장년들도 빨리 성장시키고 싶었다. 단순히 성장시키고 싶다는 마음보다 이들을 놓치고 싶지 않다는 마음이 더 컸을 것이다. 그 때문에 마음이 조급해졌다. 고민을 하던 나는 장년과 청소년을 한 팀으로 섞어 제자훈련을 시켰다.

이것이 결정적인 실수였다. 제자훈련이 조금 진행되자 곧바로 부작용이 나타났다. 장년들이 스스로 견디지 못했다. 처음에는 아이들 앞에서 자신이 본이 되지 못해 괴로워했다. 아이들보다 잘 변화되지 않는 모습 때문에 힘들었던 것이다. 그러나 순수한 마음으로 괴로워하는 것도 잠시뿐, 시간이 더 지나자 속된 말로 '배 째라'는 식으로 나왔다. "나는 원래 이런 놈"이라는 것이었다. 일이 이렇게 되다 보니 제자훈련이 이상해졌다. 결국 그 팀의 훈련은 실패로 끝났다.

제자훈련은 청소년과 장년을 한 팀으로 섞으면 실패한다. 장년이 워낙 없다 보니 그들을 놓치고 싶지 않은 마음이 화근이었다. 이 일로 나는 또 하나의 값진 교훈을 얻었다. 제자훈련에 타협은 없다. 원칙대로 하는 것이 중요하다. 지킬 것은 지키고 버릴 것은 버려야 한다는 것이다.

그런 교훈을 얻고 난 후 여자 제자훈련반을 시작했다. 일곱 명의 청소년과 사모를 한 팀으로 구성했다. 여자반은 가급적 집으로 방문해서 훈련했다. 가정 방문이 어려운 아이들은 교회에서 제자훈련을 진행하고 부모들이 협조하는 가정은 그 집에서 했다. 여자 제자반의 훈련은 아무런 문제없이 순조롭게 이어졌다. 제자훈련에 은혜가 넘치자 아이들은 급속도로 성장했다. 이 아이들을 중심으로 사역이 진행되었다. 제자훈련을 받은 아이들은 학교 성적도 오르고 친구들과도 잘 어울렸다. 이들이 전도를 하면서 교회 청소년부가 다시 부흥하기 시작했다.

봉사로 이어지는 제자훈련

'함께 사는 생활 공동체'를 꿈꿨지만 재정 여건상 실행에 옮기는 것이 어려웠다. 그러다 보니 마음 한구석에는 무언가가 더 있어야 한다는 생각이 계속 들었다. 배우고, 생각하고, 느낀 것들이 삶을 통해 구체적으로 실천되어야만 했다. 물론 평소에 교회 청소라든가 주변 정리, 새가족 섬기기 등이 진행되고 있었지만 그것만 가지고는 충분하지 못했다. 아이들이다 보니 어른들처럼 가정 심방을 할 상황도 못 되었고 부모들의 지원도 없었다. 내가 원하는 성장에 이르기까지는 오랜 시간이 걸렸다.

고민 끝에 찾아낸 것이 사회복지기관에서 '봉사'하는 일이었다. 장애우들이 모여 사는 '에덴원'을 찾아가 정기적으로 봉사를 하기로 했다. 당시만 해도 에덴원은 상당히 열악한 환경이었다. 처음 에덴원으로 봉사를 하러 가던 날, 아이들은 놀러 가기라도 하는 듯 장난을 치며 즐거워했다. 그러나 막상 도착하자 아이들의 얼굴에서 웃음기가 사라졌다. 시설에 들어서자, 심상치 않은 냄새가 진동을 하다 보니 자신도 모르는 사이에 눈살이 찌푸려졌다. 아이들이 장애우 시설에 적응하기까지 다소 어려움을 겪었다. 하지만 혼자서는 도저히 용기를 낼 수 없었던 이런 봉사활동을 함께하면서 아이들은 많은 것을 배웠다. 봉사 자체가 하나의 훈련이자 어려움 속에서

서로 하나가 되는 믿음의 과정이었다.

시간이 지나면서 아이들은 그곳의 장애우들과 친해졌다. 사역도 익숙하게 처리해 냈다. 도착하면 먼저 청소부터 시작했다. 방을 쓸고 걸레질을 하고 세면장과 화장실 구석구석 냄새 나는 곳을 찾아 깨끗이 닦아 냈다. 빨래도 해주고 장애우들과 함께 놀기도 했다. 함께 노는 것 자체가 외로운 그들에게는 큰 봉사가 되었고 위안이 되었다.

그중에서도 아이들을 가장 많이 변화시킨 것은 '목욕 봉사'였다. 장애우들을 목욕시키면서 아이들은 많이 울었다. 장애우들이 불쌍해서 울었고, 그들보다는 더 많은 행복을 누리는 자신의 처지에 감사해서 울었다. 이 사역을 한달에 한 번 정기적으로 하게 되자 아이들의 마음이 깨끗하게 순화되었고 섬김과 봉사의 리더십이 자연스럽게 몸에 배어들었다.

에덴원에서 봉사하는 일이 자리를 잡자 사역의 영역을 좀 더 넓혔다. 주변의 독거노인들을 돕기 위한 '노인 목욕 봉사'를 자원했다. 동사무소에 문의해서 주변의 독거노인들을 초대했다. 이것 역시 한달에 한 번씩 이루어졌다.

그분들을 섬기기 위해 먼저 점심식사를 준비했다. 장년 한두 명의 도움을 받아 아이들이 함께 식사를 준비했다. 음식이 마련되면 식탁을 세팅하고 어르신들이 식사를 하는 동안 아이들이 섬김이가 되어 식사를 도왔다. 식사를 준비하는 과정은 생각보다 힘들고 어려웠지만 아이들은 즐겁게 사역을 감당했다.

어르신들이 점심을 다 드신 후에는 미용기술이 있는 분들을 섭외하여 머리를 깎아 드렸다. 정성을 다해 머리를 깎아 드리면 어르신들은 거울을 보며 아이처럼 기뻐했다. 그런 어르신들의 행복한 미소를 보며 아이들도 함께 기뻐했다.

이렇게 이발을 해드린 후에는 어르신들을 목욕탕으로 모셨다. 어르신 한 분과 청소년 한 명을 한 조로 짜서 함께 손을 잡고 목욕탕으로 들어갔다. 그러고는 정성을 다해 목욕을 시켜 드렸다. 제자훈련을 받는 아이들은 인상 한 번 찌푸리지 않고 어르신들을 잘 씻겨 드렸다. 놀라운 일이었다. 그사이 아이들은 몸도 마음도 영혼도 부쩍 성장한 모양이었다. 그런 제자들을 바라보며 나는 너무도 행복했다.

아이들은 부쩍부쩍 자라났다. 신앙이 깊어지고 마음은 건강해졌다. 그리고 하나님에 대한 믿음이 강해졌고 영혼이 맑아졌다. 제자훈련을 받는 아이들이 건강해지자 다른 아이들까지 덩달아 건강해지고 밝아졌다. 그리고 누가 시키지 않아도 자연스럽게 사역에 동참했다.

그러던 어느 날, 우리 교회 앞을 지나가던 사람들이 하는 말을 우연히 듣게 되었다.

"이 작은 교회가 못하는 일이 없어!"

그 말을 듣고 느끼는 기쁨과 뿌듯함은 경험해 보지 않은 사람은 절대 알 수 없다. 전율이 온몸에 느껴졌다. 벅찬 감동이었다. 목회에 힘을 얻기 시작했다. 제자훈련을 통해 성장한 아이들은 새로 들어오는 아이들과 한두 명씩 들어오는 어른들을 섬겼다. 장년 평신도 사역자들이 감당해야 할 일을 우리 아이들이 다 감당해 냈다. 그것도 썩 잘 감당해 냈다.

하지만 빛이 있는 곳에는 그림자도 있는 법이다. 기쁨이 있는 곳에 슬픔은 늘 함께하는 법이다. 푸르게 성장하는 아이들이 있는 한편 떠나는 아이들도 있었다. 어쩔 수 없는 일이었다. 그사이 나도 자랐는지 이전처럼 상처를 입지는 않았다. 아픈 경험들이 내게 맷집을 키워 주었던 모양이다. 성장하는 아이들을 보면서 '언제든지 하나님이 원하시면 보내리라'는 각오를 해왔던 터였다. 어차피 회자정리(會者定離)라 하지 않았던가. 나의 목회는 애초부터 '파송목회'였다. 더 이상 흔들릴 이유도 없었다. 숫자에도 연연하지 않았다. 그렇게 나는 '한 영혼 목회'에 미쳐 가고 있었다.

"이 작은 교회가 못하는 일이 없어!"

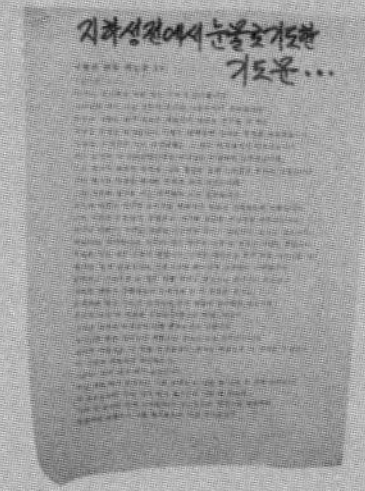

그렇게 기도하는 중에 내 머릿속에 한 단어가 스쳐갔다. 바로 '삶'이었다. 삶을 통해 전달되지 않는 지식은 살아 있는 지식이 아니었다. 교육과 훈련만으로는 부족하다고 느껴지던 부분이 바로 그것이었다. 나는 '아이들을 데리고 함께 살아야 진짜 제자가 되겠구나' 하는 깨달음을 얻었다. 그래서 '함께 사는 공동체 제자훈련'을 계획하게 되었다.

제3부

맨바닥에서 예배당을 짓다

새로운 초장을 마련하라

세월은 참 무심하게도 흘렀다. "자고 나니 백발"이라던 어른들의 푸념이 예사롭게 들리지 않았다. 초등학생, 중학생이던 아이들이 어느 순간 고등학교에 들어가더니 순식간에 졸업을 하고 청년이 되었다. 함께 고구마 창고를 수리하여 교회를 세우던 녀석들이 거뭇거뭇한 청년이 되고 새초롬한 처녀가 되니 신기하고 대견했다. 그 아이들과 함께 놀고, 함께 예배 드리고, 함께 울고, 함께 웃고, 함께 제자훈련을 하느라 세월 가는 줄을 몰랐는데 어느새 자라서 듬직한 동역자로 변모해 있었다.

그 아이들이 내 마음에만 흐뭇한 것은 아니었던 것 같다. 하나님이 보시기에도 믿음 안에서 견고하게 자라난 아이들이 사랑스러우셨던 것 같다. 그래서인지 하나님은 나에게 새로운 도전을 주셨다. 시간이 갈수록 자라나는 아이들을 위해 "네가 해야 할 일이 있다"라고 말씀하셨다. "자녀들이 자라면 마음껏 꿈을 펼칠 수 있는 장을 마련해 주어야 할 것이 아니냐? 이 녀석들이 많이 컸으니 마음껏 예배 드리고 마음껏 사역하며 섬길 수 있는 교회를 지으라"는 뜻밖의 말씀을 주셨다.

'고구마 창고 교회'는 지하이다 보니 여름이면 습기가 차서 바닥으로 물방울이 떨어져 내렸다. 건물 자체가 제대로 방수가 되지 않은 탓에 정전이 잦았다. 예배를 드리다가 갑자기 정전이 되면 참으로 난감했다. 어둠 속에서 예배를 드려야 하는 때가 많았다. 그래서 늘 양초나 손전등을 준비해 놓아야 했다. 비가 많이 내리는 장마철에는 지하통로로 빗물이 넘쳐 들어왔다. 그럴 때면 우리는 두 다리를 첨벙거리며 빗물을 퍼내야 했다.

상황은 이토록 열악한데 끊임없이 마음속에는 하나님의 명령 같은 말씀이 들리고 있었다. 그러나 내게는 그 말씀에 순종할 믿음이 부족했다. 장년이라고는 들쑥날쑥하는 새신자 몇 명이 전부였고 예비된 물질은 1원 한 푼 없었다. 물론 건축헌금을 할 사람은 눈을 씻고 찾아봐도 없었다. 그런데 어떻게 그런 꿈을 꿀 수 있겠는가! 나는 하나님을 이해할 수 없었다.

나는 '한곳만 바라보는 목회'를 했다. 아이들만 보고 살았고, 교회가 지하였기 때문에 땅만 보고 살았다. 늘 땅굴 속으로만 드나들다 보니 청주가 어떻게 달라지는지도 모르고 살았다. 그런 나에게 하나님은 '택지가 조성되는 것을 보라'고 일깨우셨다. 교회 주변에 새로운 택지지구가 조성되고 있었다. 여기저기 산이 밀려 나가고 평지가 만들어지고 있었다. 논이 메워지고 새로운 길이 만들어지고 있었다. 세상이 변하고 있었다.

하루는 친구 목사가 나를 끌고 그 택지 조성 작업현장으로 갔다. 그는 그 넓은 지역 가운데 종교부지로 지정된 세 곳을 알려 주면서 내게 한번 알아보라고 말했다. 자기 같으면 종교부지를 사서 새로운 도전을 해보고 싶다는 것이었다. 내 속을 알지도 못하는 그 친구는 마음만 뒤숭숭하게 만들어 놓고는 가 버렸다. 아무런 대책은 없었지만 그 일은 내가 하나님께 좀 더 구체적으로 기도하는 계기가 되었다.

아마도 어느 주일 저녁이었을 것이다. 하나님의 인도하심을 더 이상은 감당할 수 없어 저녁예배를 마치고 친구 목사가 알려 준 장소로 가 보았다. 캄캄한 밤에 도둑놈 담 넘는 심정이 이럴까? 누가 볼세라 나는 몇몇 아이들을 데리고 종교부지로 선정된 땅들을 한 바퀴씩 돌고는 그곳에서 기도를 하고 돌아왔다.

그리고 다음 날, 그 땅의 가격을 알아보기 위해 토지개발공사를 찾아갔다. 담당자가 알려 준 그 땅의 가격은 무려 4억 원에 가까웠다.

"4억 원이요?"

기가 막혔다. 1억 원도 아니고 4억 원? 도대체 어떻게 우리가 그 땅을 살 수 있겠는가?

그런데 정말 이상한 일이 일어났다. 현실적으로는 말도 안 되는 일이었는데 희한하게 내 마음속에서는 할 수 없다는 생각이 들지 않는 것이었다. 대신 '어떻게 하면 그 땅을 살 수 있을까?' 하는 생각만 들었다. 그런 내가 나도 신기해서 어리둥절할 지경이었다. 도대체 내게 무슨 일이 일어난 것일까?

우리 교회에는 '입만 열면 불평 집사'가 있었다. 이 집사는 목사님이 제자훈련만 한다고 불평, 키우는 개가 새끼 많이 낳도록 심방 기도 자주 안 해준다고 불평, 자기가 아픈데 병원 안 데리고 가 준다고 불평, 불평, 불평. 그야말로 입만 열면 불평이 쏟아지던 집사였다. 원래 서울에서 살았는데 청주로 이사를 왔다. 교회에서 좀 떨어진 교외에 살고 있었는데 우리 교회의 소문을 듣고서 스스로 교회를 찾아왔다.

예배를 마치고 그 종교부지에 관한 이야기를 했는데, 놀라운 일이 벌어졌다. 그 '입만 열면 불평 집사'가 갑자기 벌떡 일어나더니 '기적'이라고 밖에는 할 수 없는 말들을 쏟아 냈다.

"예배당은 반드시 건축되어야 합니다. 포장마차라도 해서 건축해야 합니다. 자기 집을 사기 위해서는 몇 천만 원, 아니 몇 억씩도 빚을 지면서 하나님의 교회를 위해서는 왜 빚을 못 냅니까? 곱창장사라도 해서 예배당을 지읍시다!"

순간 교회에 있던 사람 모두가 자신의 귀를 의심했다. '폭탄'도 이런 폭탄이 없었다. 건축이 무엇인지도 모르는 장년 새신자 10여 명은 아연실색했다. 나도 깜짝 놀랐다. 그 집사가 그렇게 강력하게 주장하고 나서니 예배당 건축은 당연히 해야 하는 쪽으로 분위기가 쏠렸다. 이후 건축 논의는 급물살을 타기 시작했다.

하나님은 악인도 선을 위해 쓴다고 하셨는데 이런 때를 위해 그를 사용한 것인가 하는 생각도 들었다. 교회 안에서 크고 작은 문제를 끊임없이 일으키던 그가 하나님의 대 역사에 놀랍게 쓰임을 받은 것이다. 그렇게 '폭탄'을 터뜨렸던 그 집사는 어느 순간 슬쩍 교회를 떠나 버렸다. 거기까지가 그 사람의 몫이었던 것이다.

무모한 결단의 끝

교회 예배당 건축이 논의가 되면서 이를 위한 여러 가지 안건들이 나왔다. 하지만 실제로 부지를 구입할 수 있는 현실적인 대안은 아무것도 없었다. 물론 기적 같은 일도 일어나지 않았다. 건축헌금을 할 수 있는 사람도 아무도 없었다. 건축 자체를 반대하는 사람도 없었지만 헌금을 할 수 있는 사람도 없었다. 그렇게 우리는 제자리를 맴돌고 있었다. 나는 기도했다.

"주님, 도대체 어떻게 해야 합니까?"

그렇게 간구하고 있는데 '일단 계약을 하자'라는 생각이 들었다. 이유를 알 수 없는 '확신'이 들었다.

다음 날 나는 그야말로 '푼돈' 400만 원을 손에 쥐고 계약을 하러 갔다. 무작정 계약을 맺으러 간 것이다. 토지개발공사 사무실에 들어가 종교부지를 물으며 계약을 하러 왔다고 말하자 담당자는 이미 다른 교회가 계약을 끝냈다고 대답했다. 갑자기 허탈했다. 하지만 곧 내가 얼마나 무모했는지를 알게 되었다.

담당자와 이야기를 하다가 그 땅을 계약하려면 계약금 4,000만 원이 필요하다는 사실을 알게 되었다. 법적으로는 원금의 10퍼센트를 계약금으로 내게 되어 있었다. 그런데 나는 400만 원을 들고 당당하게 계약을 하러 갔다. 계약금만 걸어 놓으면 우리 땅으로 묶어 둘 수 있다는 어수룩한 생각을 했던 것이다. 부동산의 '부'자도 몰랐던 나는 무식해서 용감했다.

일은 그렇게 되었지만 사실 속으로는 안도의 숨을 내쉬었다. 생각했던 땅이 다른 교회로 넘어간 것이 아쉽기는 했지만 계약이 성사된다 해도 나로서는 이후를 대처해 나갈 능력이 전혀 없었다. 그 일로 나 자신의 무지를 다시 한 번 돌아볼 뿐이었다.

무모한 믿음이 산산조각 난 후 다시는 또 다른 종교부지를 사고자 하는 대책 없는 믿음이 올라오지 않았다. 그러나 계속 이런 생각이 머릿속을 맴돌았다. '이 일은 내 욕심으로 시작된 일이 아닌데, 그러면 하나님께서 열어 주셔야 하지 않는가?' 하지만 당장 계약을 하려면 4,000만 원이 필요했다. 그것은 내 능력의 범위를 한참 벗어나는 일이었다. 수중에 4,000만 원은 고사하고 400만 원도 없는 상황이었다. 도무지 답이 보이질 않아서 다시 하나님 앞에 앉았다.

"하나님, 4,000만 원을 주셔야 합니다. 그래야 교회부지를 살 수 있습니다.”

그렇게 기도를 하고 있는데 여전히 이상한 것은 교회부지를 살 수 없을 것이라는 생각이 전혀 들지 않는다는 사실이었다. 생각할 수록 이상한 일이었다.

그후 두 달간 교회는 조용했다. 별다른 방법이 없으니 조용할 수밖에 없었다. 할 수 있는 것이라곤 기도하는 것밖에 없었다. 없는 자의 서러움 때문일까? 우리가 하나님께 매달리는 시간은 점점 길어졌다. 새벽기도회도 길게 했고 수요기도회도 길게 했다. 금요철야기도회는 특별히 더 길게 했다. 금요일 밤 10시 30분에 시작해서 다음 날 새벽 5시까지 진행했다. 그렇게 꼬박 철야를 하고 바로 이어서 새벽예배를 드렸다.

아이들은 금요일 밤에 야간 자율학습을 마치고 삼삼오오 교회로 모여들었다. 집에 가도 특별한 즐거움이 없던 아이들인지라 집보다 교회를 더 좋아했다. 아이들과 함께 뜨겁게 찬양을 하고 통성기도를 하다 보면 어느새 새벽 한두 시가 되었다. 계속해서 울며 기도하느라 아이들의 얼굴에는 눈물자국이 말라 허연 길이 나 있었다. 눈물, 콧물로 범벅이 된 얼굴을 닦으며 우리는 함께 간식을 먹었다. 비록 가난했지만 우리는 금요일 밤마다 ‘천국 잔치’를 벌였다.

그렇게 간식을 먹고는 다시 날이 새는 줄도 모르고 “주여!”를 외치며 찬양했다. 통성으로 부르짖으며 기도했다.

“오, 하나님! 우리에게 땅을 주시고 건축할 수 있는 길을 열어 주
시옵소서.”

우리는 기력이 쇠할 때까지 흐느끼며 기도했다. 하나님께서 하실
일들을 기대하며 간절한 목소리로 기도했다.

“주님이 주신 땅으로 한걸음씩 나아갈 때에, 수많은 적들과 견고
한 성이 나를 두렵게 하지만 주님을 신뢰함으로, 주님을 의지함으
로, 주님이 주시는 담대함으로 큰소리 외치며 나아가세. 이 청주를
내게 주소서. 그날에 주께서 말씀하신 이 청주를 내게 주소서. 그날
에 주께서 말씀하신 이 땅을 취하리라.”

매주 금요일 밤이면 “이 산지를 내게 주소서”의 가사가 우리의
간절한 소망이 되어 지하창고 교회를 뒤흔들었고, 우리의 찬양은
미처 닫히지 못한 창문 틈새로 인적이 끊긴 청주의 온 거리로 퍼져
나갔다. 그 소리는 온 밤을 하얗게 새우고 다음 날 먼동이 틀 때까
지 하나님께 올라가고 있었다. 그렇게 밤이 지나고 또 다른 하루가
시작되었다.

내가 도대체 무슨 짓을 한 걸까?

예배당 건축을 놓고 뜨겁게 ‘기도의 불’이 붙은 지 어느새 두 달여

의 시간이 흘렀다. 그러나 외부적으로는 아무런 변화도 없었다. 헌금이 늘어나지도, 후원자가 나타나지도 않았다. 그도 그럴 것이 교인의 대다수가 청소년인데 무슨 변화가 있겠는가? 기도의 불은 뜨겁게 타올랐지만 교회는 적막하리만치 조용하고 평온했다. 너무 조용하고 평온했다.

그러던 어느 날, '작지만 큰' 사건이 벌어졌다. 주일이었다. 예배를 드리고 헌금을 계수하는데 전에는 보지 못했던 봉투가 하나 들어 있었다. 헌금자는 중학생 때 복지관 교회에 출석해서 그때까지 함께 성장해 온 자매였다. 모 전문대학 유아교육과를 졸업하고 취직을 했는데, 자신의 한달 월급을 통째로 헌금한 것이다.

나는 헌금봉투를 들고 당황했다. 그 청년의 가정이 아주 어려운 형편이었기 때문이다. 그 청년의 수입으로 온 식구가 생계를 유지해야 하는 상황이었다. 그런 청년이 자신의 월급을 고스란히 하나님께 바친 것이었다. 아무리 하나님께 드린 물질이라고는 하지만 정말 당황스러워서 어떻게 처리를 해야 하나 고민이 되었다.

그 봉투를 보고 있자니 눈시울이 뜨거워졌다. 그 청년의 마음이 기도제목을 통해 고스란히 전달돼 왔다. 오히려 내가 부끄러워졌다. 목회자인 나보다 그 청년의 믿음이 훨씬 낫다는 생각이 들었다. 말없이 하나님 앞에 무릎을 꿇고 회개했다. 그 청년이 자신과 가족의 한달 생계를 온전히 하나님께 의탁하며 믿음의 도전을 할 때 나는 얼마나 인간적으로 이것저것 재며 따지고 있었던 것일까? 그 청년의 헌금은 내 마음 밑바닥으로 가라앉았던 '무모한 믿음'에 다시 불을 붙였다. 내 가슴이 뜨거워지기 시작했다.

나는 다시 용기를 내었다. 지인들에게 다시 돈을 융통해서 떨리는 마음을 억누르며 토지개발공사를 찾아갔다. 계약을 하기 위해 당당한 모습으로 토지개발공사 사무실 정문을 들어서는데 나를 알아본 담당자가 "목사님, 그 땅도 팔렸어요"라고 말했다.

발걸음이 그 자리에 얼어붙었다. 처음으로 생각했던 부지는 다른 교회가 계약을 했고, 그래서 그다음으로 마음에 두고 있었던 부지였는데, 이 역시 내가 찾아가기 하루 전에 팔렸다니 참으로 이상한 일이었다. '어떻게 한 곳도 아니고 두 곳이 모두 내가 가기 하루 전에 계약이 되었을까?' 단순한 우연이라고 생각하기에는 너무도 묘했다. 하지만 미련 없이 마음을 접었다. 일이 이렇게 되는 것은 하나님의 뜻이 아니라는 메시지로 보였다.

아직 종교부지 하나가 남아 있었지만 부동산에는 문외한인 내 눈에도 그 땅은 별로 위치가 좋아 보이지를 않았다. 가격도 다른 땅보다 낮게 책정되어 있었지만 눈에 들어오지 않았다. 나는 미련을 버리고 사무실을 나왔다.

하나님의 섭리란 참으로 알 수 없는 것이다. 인간의 지혜를 뛰어넘는 너무 오묘한 것이라서 도저히 내 머리로 다 따를 수가 없다.

이것인가 싶으면 어느새 저것이고, 저것인가 싶으면 어느새 이것으로 바뀌어 있었다. "네가 하나님의 오묘함을 어찌 능히 측량하며 전능자를 어찌 능히 완전히 알겠느냐"(욥 11:7)라고 말씀하시는 듯했다.

그렇게 깨끗하게 마음을 접었는데, 성도들의 마음은 반대로 그때부터 불타오르기 시작했다. 도대체 이게 어찌된 일일까? 몇 명 안 되는 장년들이 헌금에 동참하기 시작했고 조금씩 헌신하는 모습을 보이기 시작했다. 성도들은 계약금 4,000만 원을 자체적으로 마련해 보려고 힘을 모으기 시작했다.

어느 주일에는 장년 성도 한 사람이 또 자신의 월급 전액을 건축 헌금으로 드렸다. 그분 역시 하루하루의 삶이 고단하고 힘겨운 사람이었다. 그런 헌금을 보는 내 마음은 전혀 즐겁지 않았다. 오히려 마음이 아프고 힘이 들었다. 그 헌금이 그분에게 어떤 의미를 지니는지 누구보다 내가 잘 알고 있었기 때문이다. 그렇게 헌신을 하고 나면 그분의 가족들이 한달을 어떻게 보내야 하는지 눈에 선하게 그려졌다. 목이 메였다. 그렇게 헌금을 앞에 놓고 무릎을 꿇고 있는데, 마음 한구석에서 이런 소리가 들렸다.

'이 예배당은 반드시 지어져야 한다. 바로 이러한 사람들 때문이라도 반드시 지어져야만 한다!'

아마도 하나님은 믿음이 작은 목사를 일깨우시려고 그런 방법을 사용하셨나 보다. 가뜩이나 힘겨운 성도들을 통해 내 마음을 아프게 몰아가시며 메시지를 전하신 모양이다. 마음이 한편으론 아팠고 다른 한편으로는 결연해졌다.

'그래, 가 보자!'

마지막으로 남아 있는 땅을 사려면 4억 원이 필요했다. 그러나 우리가 마련한 돈은 4,000만 원이 전부였다. 그러나 그 일 이후 내 마음에는 마치 4억 원이 다 준비된 것 같은 믿음이 일어났다. 상식적이라면 나머지 돈을 어떻게 마련해야 하나 하는 생각이 들어야 하는데 황당하게도 나는 '그 땅이 아니라 다른 땅은 어떨까? 우리 교회를 위해 꼭 필요한 땅은 어떤 것일까?'라는 고민을 하고 있었다. 지금 생각해 보면 참으로 엄청난 믿음이었다.

종교부지로 남은 마지막 땅은 아주 구석진 곳에 있었다. 아파트 단지에서 큰 길을 두 번 건너야 했고, 주유소 설립 예정지를 끼고 있는 지역이었다. 부지도 아직 조성 중이어서 땅을 매립하고 있었고 그저 지적도의 위치만 보고 계약을 맺어야 하는 상황이었다. 그러다 보니 아무도 관심이 없었고 마지막까지 남아 있게 된 것이다.

4,000만 원이란 '거금'을 가진 나는 토지개발공사의 수억, 아니 수십 억, 수백 억 원짜리 땅들을 보며 이 땅을 살까, 저 땅을 살까 망설이며 하루를 보냈다. 그런데 사람 마음이 참 이상했다. 그렇게 하고 있다 보니 정말로 내 마음의 크기가 커지고 있었다. 마음속에서

일하고 계신 하나님과 대화하며 이 땅 저 땅을 마치 내 땅처럼 구경하다 돌아오기까지 했다. 그리고 조용히 기도하며 확신을 얻은 후 다시 토지개발공사를 찾아가 계약을 맺었다. 기적 같은 일이었다.

일단 교회부지 계약을 맺자 교인들의 마음이 하나로 모였다. 교회부지 매입이라는 큰 문제 앞에서 사람들은 오히려 하나의 공동체로 묶였다. '아, 하나님의 역사는 이런 방식으로도 이루어지는구나… 하나님, 감사합니다'라고 고백할 수밖에 없었다.

한동안은 행복했다. 그러나 시간이 흐르자 처음의 감사는 어느 순간 사라져 버리고 '돈'이라는 거대한 괴물이 서서히 나를 짓누르기 시작했다. 직장생활을 오래 해봐서 세상 물정을 어느 정도는 알고 있었지만, 가난하게 살아 왔던 내게 억 단위의 금액은 정말 감당하기 어려웠다. 서서히 가슴이 답답해져 오고 불안감이 엄습해 왔다. 어느덧 불안감은 점점 커져 심적인 고통으로 다가오기 시작했다.

계약금만 지불하면 다 될 것 같았던 믿음은 자취를 감추고 3개월마다 4,000만 원씩을 불입해야 한다는 기막힌 현실이 그 자리를 대신했다. 내가 처한 현실이 갑자기 눈에 들어오자 정신이 번쩍 들고 밤에는 두 다리를 뻗고 잠을 잘 수가 없었다. 토지개발공사에서는 정해진 기일 안에 중도금을 지불하지 않으면 20퍼센트의 이자가 가산될 것이라고 알려 주었다. 게다가 땅값이 일부 지불되었다고 해서 미리 건축을 하거나 건물을 이용해서 대출을 받을 수도 없다고 덧붙였다. 그런 조항들은 계약 당시 읽어서 알고는 있었지만 막상 닥치고 보니 낯설게만 느껴졌다.

나의 삶이 달라지기 시작했다. 아이들과 라면이나 떡볶이를 먹으면서 함께 축구를 하던 시절에는 마음만큼은 늘 행복하고 평안했건만, 땅을 산 이후부터는 사는 게 가시방석이었다. 채무자의 불안감이 마음의 평안을 송두리째 빼앗아 갔다. 3개월마다 4,000만 원을 지불해야 하는데 돈이 나올 구석이 전혀 없었다. 가능성이 바늘구멍만큼이라도 있어야 발로 뛰며 기도하든지 할 텐데 도무지 길이 보이지 않았다.

부정적인 생각들이 꼬리에 꼬리를 물고 일어났다. 건축 문제로 분란이 일어난 많은 교회들의 사례가 떠올랐다. 궁지에 몰린 목회자들이 성도들을 힘들게 밀어붙이고 그래서 결국은 성도들이 교회를 떠나는 극단적인 사례들이 머릿속을 어지럽혔다. '혹시 나도 똑같은 일을 만들어서 교인들에게 씻을 수 없는 상처를 입히는 것은 아닐까?' 하는 두려움이 엄습했다.

나는 하루아침에 '거부'에서 '빚쟁이'로 전락했다. 4,000만 원을 들고 계약을 맺으러 갈 때만 해도 내 마음은 거부였다. 수십 억 원씩 하는 토지개발공사의 땅들을 느긋하게 구경까지 했다. 그런데 눈을 떠 보니 어느 순간 끔찍한 빚쟁이로 전락해 있었다. 내 믿음은 그렇게 하루에도 몇 차례씩 천국과 지옥을 오르락내리락했다.

옷장수가 된 아이들

청출어람(靑出於藍)이라고 하던가? 하루에도 몇 차례씩 천국과 지옥을 오가던 목사와 달리 아이들은 전혀 다른 반응을 보였다. '믿음 없는' 목사에게서 자라난 아이들은 선생의 믿음을 훌쩍 뛰어넘어 미래의 소망을 현실로 받아들였다. 3개월마다 4,000만 원씩 땅값을 지불해야 한다는 말을 들은 아이들은 그것을 있는 그대로 받아들였다. 믿음이 너무 좋은 것인지, 아니면 이런 문제에 대한 개념이 없어서인지 아이들은 이미 교회가 지어지기라도 한 듯 행복해했다. 약속의 선포를 이미 실현된 약속으로 받아들였던 것이다. 아이들 사이에서 뜨거운 열정이 불 일 듯 일어나기 시작했다.

어떤 아이는 등하교 때 걸어 다니면서 차비를 아껴 건축헌금을 했다. 어떤 아이는 용돈을 아껴 건축헌금을 했다. 어떤 아이는 학교에 돼지 저금통을 들고 다니며 친구들에게 모금을 해왔다. 돼지 저금통 표면에 네임펜으로 친구들의 이름을 기록해 주며 동참을 호소했다. 그렇게 모인 돈이 몇 푼이나 되겠는가! 여전히 내 속은 타 들어 가고 있었다. 하지만 그 마음만은, 그 열정만은, 그 헌신만은 하나님을 감동시키기에 충분한 것이었다. 그리고 이 믿음 없는 목사를 부끄럽게 하기에 충분한 것이었다. 제자훈련을 받은 아이들로부터 천상의 합창이 울려 퍼지기 시작했다.

그런 아이들의 열정에 힘입어 뭔가 좀 더 효율적이고 경제적인 (수익이 많은) 활동이 필요하다는 생각을 하게 되었다. 그렇게 고민하던 중에 장애우들을 위해 옷 가게를 운영하는 목사를 만나게 되었다. 예배당 건축을 위해 우리가 무엇을 할 수 있을까 의논하던 가운데 노점상을 한번 해보라는 권유를 받았다. 처음에는 망설여졌다. 한 번도 장사를 해보지 않은 아이들이 제대로 된 점포도 없이 노점상을 열어 옷을 팔 수 있을까 하는 의구심이 들었다.

그러나 제안을 받은 것이니 '밑져야 본전'이라는 심정으로 아이들의 생각을 물어보았다. 그랬더니 이게 웬일인가? 내 이야기를 들은 청년과 아이들이 서로 앞다투어 옷 장사를 하자며 나섰다.

"너희들 진짜 할 수 있겠냐?"

아이들은 마치 합창이라도 하듯이 "자신 있습니다!"라고 대답했다. 아이들의 시원시원한 대답을 들으면서도 내심 '장사가 뭔지도 모르는 철부지들이니 저럴 거야…' 하는 생각이 들어 고민이 되었다. 그러면서도 한편으로는 그렇게 적극적으로 나서 주는 아이들이 기특하기도 하고, 고맙기도 했다. 결국 우리는 옷 장사를 하기로 결정했다.

일단 옷 가게를 하는 목사를 만나 팔 옷을 먼저 받기로 하고 장사하는 데 필요한 천막을 구입했다. 그리고 대충 시장조사를 했다. 또 장사를 할 장소를 보러 다녔다. 가능하면 주민들과 마찰을 일으키고 싶지 않아서 상인들이 항의하거나 신고할 만한 곳은 피했다. 그러다 보니 마땅한 장소가 없었다. 결국은 결단을 해야 했다. 항의를 하거나 신고를 하더라도 맞부딪쳐야 한다는 생각으로 디데이(D-day)를 잡았다.

지금도 우리가 처음으로 천막을 치고 옷 장사를 시작했던 장소가 선명하게 떠오른다. 지하교회가 있던 인근 아파트 상가 옆 공터였다. 천막을 치는데 가슴이 두근거렸다. 누가 금방이라도 달려와서 "이봐요, 누가 여기에 천막을 치라고 했습니까?" 하며 시비라도 걸지 않을까 가슴을 졸였다. 천막을 치는 손이 떨렸다.

"하나님, 첫 번째 장사입니다. 쫓겨나지 않고 장사하게 해주세요. 창피 당하지 않고 장사하게 해주세요." 이렇게 계속 마음속으로 기도하며 천막을 쳤다. 가슴 떨리던 그때의 기도가 지금도 생생하다.

힘들게 천막을 치고 나니 내 마음은 장사를 시작하기도 전에 새까맣게 타 버렸다. 주변 사람들의 시선, 쫓겨날 것 같은 초조감, 행여나 아이들의 용기가 꺾일까 하는 염려, 시간을 지체하지 말고 재빠르게 옷 보따리를 날라야 한다는 조바심 등으로 마음속이 어느새 전쟁터였다. 얼굴과 몸에서는 땀방울이 장마철 장대비 쏟아지듯 떨어져 내렸다. 입고 있던 남방은 마치 물에서 금방 건져 올린 것처럼 흠뻑 젖어 버렸다.

그런 내 모습이 하도 안쓰러웠는지 몇몇 사람들은 옷 보따리를 풀지도 않았는데 무슨 옷이냐며 가격을 물었다. 사람들이 웅성웅성 모이니까 주변의 다른 사람들까지 우루루 몰려들었다. 옷 보따리를 채 풀기도 전에 옷이 팔려 나가기 시작했다. 그렇게 순식간에 옷을 팔아 80만 원 정도를 벌었다.

청년들은 흥분했다. 우리가 대충 펼쳐 놓은 옷들은 그렇게 세련된 상품이 아니었다. 그런데도 날개 돋친 듯 팔려 나갔다. 하나님이 사람들의 눈을 멀게 하셨는지 사람들은 별로 고르지도 않고 옷을 사 갔다. 그렇게 첫날 올린 총 매출은 무려 120만 원이었다. 우리는 "할렐루야!"를 외쳤다. 기적이었다.

첫날의 성과에 완전히 고무된 우리는 다음날부터 본격적으로 옷 장사에 나섰다. 그런데 세상 말로 '좋은 일에는 마가 낀다'고, 주변 상가 옷 가게 주인들이 신고를 했는지 아파트 관리인이 당장 나가라고 으름장을 놓았다. 상가 옆 공터에서 시작한 옷 장사를 사흘 만에 접어야 했다.

더 이상 그곳에서 장사는 할 수 없었지만 그 첫 번째 성공은 청년들에게 엄청난 용기를 주었다. 그후 우리는 아무데서나 천막을 치고 좌판을 벌였다. 대로변에서도 팔고, 아파트에 들어가서도 팔고, 시장에 가서도 팔고, 매일 여건이 허락되는 곳이면 어디든 옷을 펼쳐 놓고 팔았다. 학교 교사였던 아내도 선생님 체면 다 버리고 길거리에서, 시장바닥에서 옷 장사를 했다. 하교 길의 아이들이 아내를 보고는 힐끔거리며 수군댔다. "얘들아! 선생님 옷 장사하려고 학교 그만두셨나봐….”

도둑 기도

청년들은 하루 종일 장사를 하고 온몸이 녹초가 되어 돌아갔다. 그런데도 다음날 새벽예배에 나와서 다시 기도를 했다. 함께 데리고 살았던 스물두 명의 '공동체 청소년'들도 새벽예배는 당연히 기본 일과였다. 새벽예배를 드린 후에는 계약을 맺은 교회부지를 향해 달렸다. 하루도 거르지 않고 약 4킬로미터쯤 되는 거리를 왕복으로 달렸다. 도착해서는 모두 함께 '땅 돌기'를 했다. 부지를 한 바퀴씩 돌고 함께 통성으로 기도한 뒤 다시 지하교회로 달려왔다.

수요일에는 저녁예배를 마치고 밤 아홉 시에 차로 이동해서 부지에서 또다시 기도했다. 금요기도회는 아예 교회부지에서 했다. 우리는 매립 중인 흙바닥에 무릎을 꿇고 간절한 마음으로 기도했다. 아직 공사가 진행되는 곳이다 보니 인적이 없었다. 그저 깊은 산속처럼 적막한 곳이었다. 물론 불빛도 없었다. 우리는 칠흑 같은 어둠 속에서 기도회를 했다. 잘 모르는 사람이 우리를 보았다면 아마도 말세를 강조하는 사교집단으로 보았을 것이다.

가진 것이 없는 우리가 할 수 있는 최대의 무기는 기도였다. 우리는 틈이 날 때마다 기도를 드렸다. 하지만 한여름 밤의 기도는 너무나 괴로웠다. 모기 때문이었다. 기도하느라 움직이지 못하는 우리를 모기들은 마구잡이로 물어 댔다. 산을 깎아 만든 땅이다 보니 유난히 독하고 강한 모기들이 많았다. 우리는 하나님께 제발 모기를 없애 달라고 기도했다. 그러나 하나님은 그 기도는 들어주시지 않았다. 모기의 공습만큼이나 '극성스러웠던' 우리의 기도도 끝날 줄 모르고 계속되었다.

특히 그 해에는 비가 자주 왔다. 장마 기간도 다른 해에 비해 유난히 길었다. 하지만 우리의 기도는 그 비보다 더 길고 더 지속적이었다. 비가 오면 우산을 쓰고 기도했지만 비바람이 몰아칠 때는 우산도 별 소용이 없었다. 주변을 둘러보던 우리는 적당한 '엄폐물'을 발견했다. 토관이었다.

공사현장에서는 때마침 배수를 위해 토관 묻는 작업을 하고 있었기 때문에 여기저기 토관 여러 개가 뒹굴고 있었다. 그래서 우리는 금요기도회 날이면 토관 속으로 들어가 무릎을 꿇고 기도했다. 토관 속에서 부르짖는 우리의 기도소리는 웅웅거리는 메아리가 되어 청주 시내로 퍼져 나갔다. 예배당이 건축된 후 우리 교회의 성도가 된 어떤 분을 통해 들었는데, 당시 우리 교회부지 쪽에서 짐승 울음소리와도 같은 이상한 소리가 자주 들렸다고 했다. 그 말의 의미는 그 자리에 있던 사람만이 알 수 있으리라.

교회부지에서 기도하는 것은 만만치 않았다. 여름에는 여름대로 힘들었고 겨울에는 겨울대로 힘들었다. 한겨울 허허벌판의 추위는 도심의 추위와는 차원이 달랐다. '칼바람'이 불었다. 아무리 옷으로 몸을 감싸고 있어도 여전히 추웠다. 한참을 기도하다 보면 손발이 감각을 잃고 입도 얼어 발음이 제대로 나오지를 않았다.

그렇다고 난로를 피우거나 장작불을 땔 수도 없었다. 아직은 남의 땅인 곳에 밤마다 도둑처럼 찾아가 기도하는 상황이었다. 궁여지책으로 페인트 통에 구멍을 뚫어 모닥불을 피우고 언 손과 몸을 녹여 가며 기도했다. 우리는 그렇게 비가 오나 눈이 오나 멈추지 않고 2년 동안을 기도했다. 때로는 비에 온몸을 적셔 가며, 때로는 하얗게 눈을 뒤집어 쓴 눈사람이 되어 가며 쉬지 않고 기도했다.

믿음이 약한 사람들은 그사이 모두 교회를 떠났다. 사람의 눈으로 보면 전혀 소용 없을 것 같은 방법으로 2년을 보냈다. 장년들은 한 사람, 두 사람, 소리 소문 없이 사라졌다. 어느 날부터인가 예배에 나타나지 않으면 교회를 떠난 것이었다. 그럼에도 불구하고 교회 청년과 아이들은 뜨거운 열정으로 기도의 불을 함께 피워 갔다.

"1억 원을 빌려 드릴까요?"

첫 번째 불입금을 정말 기적과도 같이 지불했다. 비록 빚을 일부 얻기는 했지만 그래도 해냈다는 것이 기적이었다. 10원 한 장 없는 상태에서 3개월 만에 4,000만 원을 만들어 낸 것이다. 이렇게 기적을 만들자 우리는 자신감이 생겼다. 두 번째 불입금도 해낼 수 있을 것이라는 믿음이 생겼다. 마음이 평안해지고 담대해졌다. 하나님 앞에서 몸부림치는 우리의 모습을 하나님께서 기쁘게 여기신다는 생각이 들었다. 염려가 사라지고 '이렇게 노력하면 정말 우리가 교회를 지을 수 있겠구나' 하는 희망이 솟구쳤다. 마음에 평강이 생기자 비전을 품은 우리의 마음은 더욱 뜨거워졌다.

이렇게 희망에 가득 찬 우리 마음과는 달리 옷 장사는 내리막길을 걸었다. 처음에는 좀 되는 것 같았는데 시간이 지나니 수익이 너무 작았다. 처음에는 선불을 내지 않고 신용으로 옷을 제공해 주겠다는 말에 감지덕지하며 장사를 시작했는데, 그동안 가져온 옷값을 지불하고 나니 아이들 데리고 밥 한 끼 먹을 돈도 남지 않았다. 추운 데서 장사하는 아이들이 안쓰러워서 털옷 한 벌씩 입히고, 천막값 지불하고, 차 주유비와 현수막 비용, 아파트 들어갈 때 지불해야 하는 부녀회비 등을 내고 나니 정말로 남는 것이 없었다. 아무리 열심히 장사를 해도 우리에게 돌아오는 몫이 없었다. 우리는 갈수록 지쳐 갔다.

청년들로부터 볼멘소리가 나오기 시작했다. 열심히 장사해서 남 좋은 일만 시키는 것 같다는 이야기였다. 그런 상황이 청년들을 힘들게 만들었다. 결국 우리는 장사를 접기로 했다. 최선을 다해 노력했지만 우리에게 남은 것은 야박하게 자신의 이익금만 챙겨 가는 공급업자에 대한 배신감뿐이었다. 이 일로 아이들의 마음에는 깊은 상처가 남았다. 하지만 하나님은 여전히 우리의 모습을 보시고 일하실 것이라는 확신을 가지고 마음을 다독였다.

3개월마다 돌아오는 중도금 날짜는 두렵다 못해 공포스러웠다. 매번 중도금을 납입할 때마다 피를 말렸다. 그때까지 3개월이라는 기간이 그렇게 짧은 시간인지 몰랐다. 어떻게 된 일인지 자고 나면 3개월이 돌아왔다. 하지만 용케도 그때마다 중도금을 막을 수 있었다. 절대적인 하나님의 도우심이 없었다면 정말로 불가능한 일이었다. 그 험난한 불입금을 지불하는 과정을 정말 어떻게 다 넘어왔는지 도무지 기억이 나질 않는다. '피를 말린다'는 표현이 어떤 의미인지 그때 온몸으로 체감했다.

그렇게 바닥을 뒹굴며 우리는 마지막 능선까지 올라왔다. 그런데 거기에는 지금까지 올라왔던 언덕보다 더 높은 봉우리가 버티고 있었다. 토지개발공사에서 나머지 금액을 한꺼번에 지불하라고 통보해 왔다. 무려 1억 원에 달하는 돈이었다. '세상에, 1억 원이다!' 4,000만 원을 마련하는 데도 죽을힘을 다해 겨우겨우, 그것도 하나님의 절대적인 도우심으로 넘어왔던 우리였다. 그런데 한꺼번에 1억 원이라니! 정말 길이 없었다. 우리가 할 수 있는 것은 그저 앉아서 다가오는 날짜를 멍하니 바라보는 일뿐이었다.

그렇게 시간이 흘러갔다. 정말로 할 수 있는 게 아무것도 없었다. 시간은 흘러 잔금 불입 시한이 내일로 다가왔다. 심장이 쿵쿵거리며 뛰었다. 잔금을 지불하지 않으면 그 땅은 우리 명의로 넘어올 수가 없었다. 지금까지 아이들과 함께 몸부림친 그 모든 일들과 밤낮을 가리지 않았던 기도가 모두 물거품이 되어 버릴 순간이었다. 한없이 허탈했다. 누가 임시변통이라도 해주면 명의를 이전하고 그 땅을 담보로 대출을 받아 갚기라도 하겠는데, 누가 그 엄청난 돈을 우리에게 융통해 주겠는가?

그즈음 주변의 지인들이 정성스런 헌금을 우리에게 보내 주었다.

하나님이 보시기에도 우리가 불쌍했던 모양이다. 우리 부부의 몸부림이 얼마나 힘들고 안쓰러워 보였는지 생각지도 못했던 주변 사람들을 감동시켜 주셨다. 그러나 그들의 헌금이 우리의 마음을 감동시키기에는 충분했지만 우리가 지불해야 하는 잔금에는 턱없이 부족한 액수였다.

〈군에서 온 편지〉

안녕하십니까? 모두 건강하시죠?

전 아주 건강하게 잘 지내고 있습니다.

목사님 편지를 받고 놀랐습니다. 생각지 못했던 터라 더 기뻤습니다. 목사님, 감사합니다.

성전부지 매입금에 대해 듣고 기도하고 있습니다. 오늘은 월급을 받았습니다(16,500원) 참고로 6월달엔 보너스도 있습니다. 그중에 만 원을 늘 딱 갈고 보냅니다. 작지만 소중히 써 주세요. '6,500원 가지고 한달을 버틸 수 있을까?' 하는 갈등이 생겼지만 지금은 성전 부지 매입 불입금 내는 것에 참여하는 것만으로도 기쁩니다. 그리고 나머지 돈은 우리 교회 소식을 듣고 선뜻 동기가 만 원을 헌금했고 또 몇몇 동기들이 기쁘게 헌금해 주어서 3만 1천 원을 보내 드립니다.

이 동기들을 위해서도 기도해 주세요.

그렇게 마지막 시간을 보내고 있는데, 가까운 지인 한 사람이 나를 불렀다. 입술이 꽈리처럼 부르터서 뛰어다니는 내 모습이 영 마음에 걸렸던 모양이었다. 며칠 전 그분은 20킬로그램짜리 쌀 한 포대를 우리 집으로 보낸 적이 있었다. 그분이 나를 보자 다짜고짜 이렇게 말했다.

"목사님, 제가 300만 원 건축헌금을 할까요, 아니면 1억원을 빌려 드릴까요?"

내 귀를 의심했다. 도대체 이게 무슨 소린가? 믿음이 깊지 않은 분이다 보니 그런 생각을 하게 되었던 모양이다. 우리가 딱해 보여서 돕고는 싶은데, 300만 원을 헌금하자니 생돈이 그냥 날아가는 것 같고, 눈 딱 감고 모른 척하자니 마음이 불편했던 것 같았다. 그래서 생각해 낸 것이 1억 원을 빌려 주는 방법이었다. 그렇게 하면 생색도 나고 300만 원도 잃지 않을 것이라는 생각이 들었던 것 같다.

그리고 그 다음날, 잔금을 치러야만 하는 '운명의 그날', 그분은 정말로 우리에게 1억 원을 보내주었다. 교회 통장에 찍힌 '100,000,000'이란 숫자를 확인하는 순간, 나는 호흡이 멎는 것 같았다. 하나님이 하시지 않고서야 어떻게 이런 일이 일어날 수가 있겠는가!

드디어, 건축이다!

우리는 정말 '기적적'으로 땅을 매입했다. 우리가 땅을 매입한 과정은 '기적'이란 단어를 빼고는 설명이 불가능하다. 그렇지 않고서야 어떻게 돈 한 푼 없는 지하교회가 4억 원에 이르는 종교부지를 매입할 수 있었겠는가?

우리는 땅의 명의를 이전한 후 곧바로 대출을 받아 지인이 빌려준 1억 원을 갚았다. 그리고 그동안 중도금을 마련하는 과정에서 발생한 빚도 갚았다. 그러고 나니 한시름이 놓였다. 빚으로 빚을 갚은 셈이지만, 그래도 이리저리 개인들에게 빌린 돈을 갚았다는 사실 자체로 마음의 부담을 한결 덜었다. 그때부터는 발을 뻗고 잘 수 있을 것 같았다.

그러나 이 행복도 잠시였다. 땅만 매입하면 모든 게 끝나리라는 것은 '나만의 착각'이었다. 우리가 매입한 택지 주변에는 매립작업과 기반시설 공사가 끝나고 본격적으로 건축이 시작되었다. 여기저기 아파트가 지어지고 부대시설들도 착착 들어서기 시작했다. 그런데 우리 교회 땅만 텅 비어 있었다. 땅을 오래 방치하다 보니 야속하게도 잡초만 신이 나서 무성하게 올라왔다. 모든 것이 새롭게 지어지는 신도시에 홀로 남아 있는 폐가처럼 을씨년스러웠다.

무엇인가 하기는 해야겠는데 무엇을 또 어떻게 시작해야 될지

막막하기만 했다. 제자훈련으로 성장한 청년과 청소년들이 나름대로 충성스럽게 사역을 해주었으나 그 아이들만으로는 답이 보이지 않았다.

'궁즉통'(窮則通)일까? 주변에서 일단 건축을 하면 그 건물로 다시 대출이 가능하다는 조언을 해주었다. 엄두를 내기가 힘들었지만, 별다른 대안이 없었다. 그래서 또다시 빚을 얻어 건축을 위한 기본 설계 비용을 지불했다. 믿음의 도전이 또 시작되었다.

다시 맨바닥에서 시작이었다. 직접 나서서 발로 뛰는 수밖에 없었다. 건축 사무실에서 나온 기본 도면을 들고 기도하고 그것을 들고 다니면서 필요한 사람들을 만났다.

"하나님, 돈도 없고 힘이 되는 장년도 없습니다. 청년 몇 명과 청소년이 전부인데 교회 예배당을 어떻게 지으라고 하십니까? 하나님을 순수하게 믿고 피차 하나님의 영광을 위해 건축할 수 있는 사람을 만나게 해주십시오." 기도밖에 답이 없었다.

그렇게 기도하는 중에 한 장로님을 만나게 되었다. 이전에 부교역자로 있을 때 그분의 자녀 세 명을 청소년부에서 키웠는데, 자녀들이 예수님 안에서 잘 성장했다. 그러나 개인적으로 그분과는 밥 한 끼 같이 먹어 보지 못한 사이였다.

그분은 퇴임 후 어느 기업의 아파트 건축현장 감독을 맡고 있었다. 현장 사무실로 그분을 찾아갔다. 예배당 건축에 대한 조언을 들고 사무실 문을 나오는데 장로님이 "목사님, 너무 걱정하지 마세요. 다 잘될 겁니다" 하고 말했다.

"하지만 건물을 지을 사람이 있어야지요. 어떻게 걱정이 안 되겠습니까. 장로님이 지어 주신다면 모르지만요." 두런거리듯 지나가는 말을 하며 사무실을 나왔다.

"목사님, 저는 현장 감독을 하는 사람이지 직접 건축 사업을 해본 일은 없습니다."

그분의 이 마지막 말이 내 가슴에 깊은 인상을 남겼다.

'사업을 해본 사람이 아니니 좀 더 순수한 마음으로 지을 수 있을 것이다. 때 묻지 않은 순수한 마음으로 우리 교회를 지어 줄 수 있을 것이다. 비록 세련미는 부족할지 몰라도 그 순수함을 하나님이 들어 쓰실 것이다.'

그래서 그분에게 이렇게 제안했다.

"그럼 우리 교회를 짓는 것으로 사업을 시작해 보시는 것은 어떻겠습니까. 저는 장로님이 우리 교회를 건축하시는 것으로 알고 기도하겠습니다."

나는 작지만 강한 어조로 말하고 있었다. 이렇게 우리는 기약 없는 구두계약을 하고 헤어졌다. 그런데 어느 날 그 장로님이 교회로 찾아왔다. 하나님께서 주시는 불편한 마음이 있어서 왔노라고 했다. 승낙을 한 것이다. 그후로 우리는 구두로 약속한 말을 문서계약보다 더 권위 있게 생각하고 서로 약속을 지키기 위해 최선을 다했다. 세상에서는 도저히 일어날 수 없는 일이 일어난 것이다. 하나님의 섭리는 늘 상식을 뛰어넘는다. 불가능을 가능으로, 막연한 꿈과 소망을 눈앞의 현실로 보여주시는 분이 하나님이 아니던가! 우리는 그런 하나님의 은혜를 이미 경험하고 있었다. 건축비 없는 건축은 그렇게 시작되었다.

다시 움직이는 개미군단

교회 건축을 시작하면서 아내에게 시장에 가서 얇은 면을 끊어 오게 했다. 나는 그것을 손수건 크기로 잘라 한 귀퉁이에 '비전 손수건'이란 글씨를 일일이 써 넣었다. 그러고는 아이들에게 나눠 주며 '얘들아, 우리 이 손수건이 눈물로 다 젖을 때까지 기도하자"라고 말했다.

또, 교회 건축을 위한 기도문을 작성해서 소책자로 묶었다. 그러고는 기도 횟수를 표시할 수 있도록 벽에 게시판을 붙여 놓고 그 기도문으로 기도한 횟수를 표시하도록 했다. 교회 이곳저곳에는 '돈 없으면 기도하라'는 문구를 붙여 놓았다. 우리가 할 수 있는 것은 정말 기도밖에 없었다.

　건축이 시작되자 우리 교회의 비밀병기 '개미군단'이 움직이기
시작했다. 청년들과 청소년들은 학교가 끝나면 바로 교회 건축현장
으로 달려왔다. 교인 모두 건축 자재를 나르고 주변을 청소했다.

　청년들은 무거운 시멘트를 옮기며 작업을 도왔다. 비용 절감을
위해 인부는 가능한 한 적게 쓰고 모두가 몸으로 헌신했다. 인부들
이 퇴근하면 우리는 작업장에 들어가 못을 주웠다. 행여나 일하는

인부들이 못에 찔리지 않을까 하는 염려였다. 그리고 작업장의 지저분한 곳을 깨끗이 청소했다. 다음날 아침, 현장으로 출근한 인부들은 모두 깜짝 놀랐다. "어떻게 이런 데가 다 있느냐"라며 감탄을 금치 못했다.

아이들의 헌신적인 섬김은 우리에게 또 한 번의 기적을 가져다 주었다. '꿈이있는교회' 예배당이 건축되던 2003년은 비가 너무도 많이 내렸던 해였다. 태풍도 몇 번 찾아왔다. 날씨가 사나워서 건축하는 사람들이 애를 많이 먹었던 시기였다. 건축현장의 인부들은 비가 한 방울이라도 떨어지면 일을 나오지 않는다. 그러면 공사일정을 맞추는 데 차질이 생기게 된다. 실제로 주변의 다른 공사현장들은 작업이 지지부진하고 있었다.

그러나 우리 예배당만은 예외였다. 눈부신 속도로 작업이 진척되고 있었다. 자고 나면 뭔가가 하나씩 달라졌다. 인부들이 "이 교회는 빨리 지어져야 한다"라며 비가 와도 나와서 작업을 서둘렀다. 헌신적인 청년들의 봉사가 인부들의 마음을 감동시켰던 것이다. 비가 와서 외부작업을 할 수 없으면 실내에서 할 수 있는 작업부터 처리했다. 그런 인부들의 모습을 보며 예배당 건축을 맡았던 장로님도 '기적'이라고 말했다. 건축 과정에서 우리의 속을 썩인 인부는 단 한 사람도 없었다. 책임자들은 모두 아마추어였고, 인부들은 다 프로였지만 서툰 아마추어 책임자의 지시에 전적으로 순종해 주었다. 우리는 교회를 건축하며 또 한 번 하나님의 은혜를 놀랍게 체험했다.

그렇게 건축은 빠른 속도로 진행되어 갔다. 그러나 돈 문제는 전혀 진척이 없었다. 간헐적으로 하나님의 놀라운 도우심이 있긴 했지만 전체 금액을 충당할 수 있는 방법은 전혀 없었다. 잦은 비보다 더 어두운 구름이 늘 자금 문제 위에 드리워져 있었다.

할 수 없이 공사를 맡은 장로님을 불러 앞으로 필요한 공사비용을 산출해 보았다. 다 뽑아 보니 금액이 엄청났다. 또 억대였다. 난감했다. 그래서 장로님에게 솔직히 말했다.

"장로님, 도리가 없습니다. 공사를 멈추는 길밖에는 다른 방법이 없습니다."

그런데 이게 어찌된 일인가!

"목사님, 걱정 마십시오. 제가 어떻게든 해보겠습니다. 꿈이있는 교회는 꼭 지어져야 합니다. 이 교회의 청소년들과 청년들, 그리고 목사님과 사모님의 모습을 보니 이 교회는 반드시 지어져야 한다 는 확신이 들었습니다. 제가 건물은 알아서 다 지을 테니 완공이 된 후 대출을 받아서 주십시오."

아무런 말도 할 수 없었다. 너무 고마워서 그저 그 장로님의 손 을 꼭 쥘 수밖에 없었다. 세상에 이런 건축업자가 또 어디에 있겠는 가! 그의 마음을 하나님이 만져 주신 것이 틀림없었다. 오직 감사 요, 오직 은혜일 뿐이었다.

'꿈이있는교회'는 그렇게 지어졌다.

나를 새롭게 건축하시다

이제는 부끄러운 이야기를 해야겠다. 내가 얼마나 못난 목사이고 믿음이 나약한 목사인지를 고백해야만 할 것 같다. 이 이야기는 아 무리 해도 부족할 것만 같다. 하지만 하나님은 이런 나를 들어 놀라 운 증거를 보여주셨다. 그 큰 하나님의 은혜를 말로 표현하는 것은 애당초 불가능한 일일 것이다.

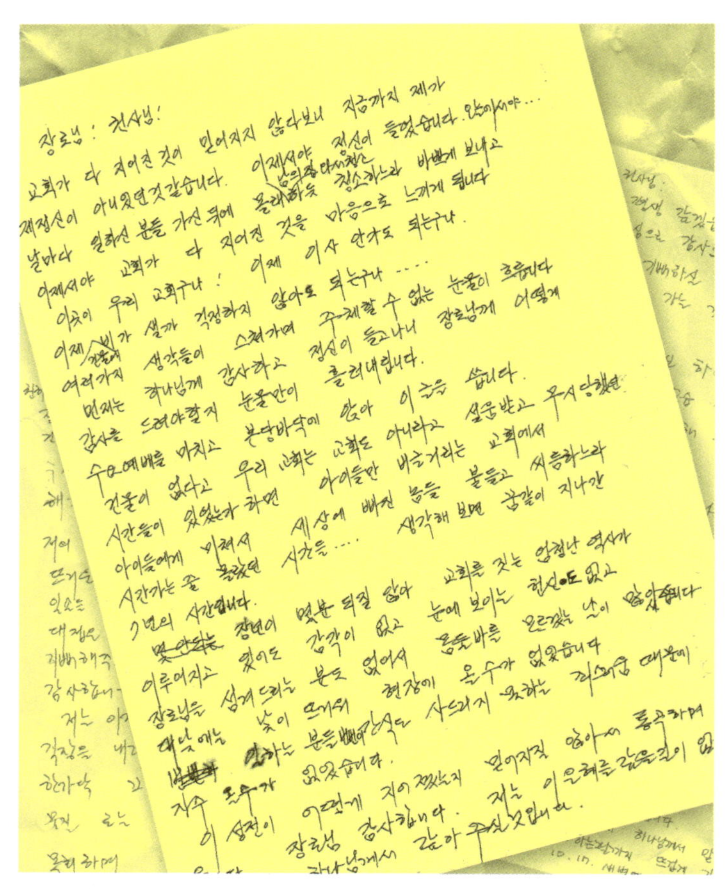

교회 예배당을 건축하며 너무도 힘든 일이 많았지만, 기적처럼 예배당은 완공되었다. 입당예배를 드리던 날, 청소년들, 청년들의 마음과 내 마음이 어떠했는지는 말로 표현할 수 없다. 이 과정을 어떻게 걸어왔는지 다 기억할 수도 없다. 그러나 이것만은 말을 해야 할 것 같다. 예배당 건축을 통해 하나님이 가장 많이 변화시킨 사람은 바로 목사인 나였다는 것을!

나는 개척 목회를 하면서 때로는 사람들이 싫어지기도 했다. 워낙 힘든 일이 많다 보니 나도 모르게 그렇게 되었던 것이다. 때로는 너무 힘이 들어서 미칠 것 같은 시간도 많았다. 희망이 없어 보이는 아이들과 불안한 결손가정 아이들을 데리고 하는 목회는 늘 외롭고 힘에 부쳤다. 무엇보다도 나를 절망하게 만드는 것은 변화되지 않는 아이들이었다. 훈련을 통해 변했다고 생각하면 어느새 제자리로 돌아가 있었고, 죽을힘을 다해 양육해 놓으면 또 제자리였다. 그러다가 어느 순간 교회를 떠나 버리기도 했다. 그럴 때는 정말 사람이 싫었다.

그렇게 희망이 제대로 보이지 않는 상태에서 또다시 하나님은 말도 안 되는 예배당 건축으로 나를 밀어 넣으셨다. 너무도 긴 시간을 혼자 외롭게 투쟁하다 보니 나는 솔직히 때때로 하나님이 하시는 일을 이해할 수 없었다. 도대체 하나님이 왜 내게 이렇게 견디기 힘든 짐만 계속해서 안겨 주는지 납득이 되질 않았다.

건축 문제를 놓고 혼자 씨름하던 중에 길을 걸어가다가 어느 교회의 예배당 건축현장을 보게 되었다. 그런데 그 교회가 왜 그렇게 부럽던지, 한참을 서서 그 교회를 쳐다보았다.

'저 교회는 장년들이 많겠지? 이렇게 돈 때문에 애가 타지도 않

겠지?'

그런 생각에 잠기자 갑자기 뜨거운 목울음이 밀려 올라왔다. 눈시울이 뜨거워졌다. 공연히 서러웠다. 그렇게 한참을 울먹이다 다시 그 교회의 목회자를 생각하게 되었다. 그도 나처럼 힘들고 어려운 시간을 보내고 있을 것이라는 생각이 들었다. 어찌 목회가 쉽고 평탄하기만 하겠는가! 목양이 그렇게 편한 길이었다면 주님이 십자가의 고통을 그렇게 홀로 감내하셨겠는가!

동병상련(同病相憐)의 심정이 되어 나는 한참을 서서 그 교회를 위해 기도했다. 그리고 내게 닥쳐온 시련과 고난이 결코 아무런 뜻 없이, 아무런 의미 없이 주어진 것이 아니라는 것을 깨닫게 되었다. 내게 전혀 어려움이 없고 전혀 고통이 없다면, 그저 순탄대로로 성공가도를 달리기만 한다면, 과연 내가 이 땅의 교회들의 어려움을 생각할 수 있었을까? 고통 받으며 목회하는 목회자들의 그 고단함이 과연 마음으로 느껴졌을까?

그렇게 생각하고 다시 길을 걷다 보니 우리같이 작은 지하실 교회도 보이고 초라한 개척교회들도 보였다. 하루하루를 힘겹게 살아가는 수많은 사람들이 보였다. 나는 결국 눈물을 쏟았다. 한번 터진 눈물은 쉽게 멈추지 않았다. 하나님이 나를 끝도 없이 울게 하셨다. 우리 교회를 위해 우는 것이 아니라 주변의 교회를 보며 울게 하셨다. 다른 교회를 경쟁 상대로 보지 않고 오히려 축복하며 다니게 하셨다. '얼마나 힘이 들까.' 그후 하나님은 나를 모든 교회를 품는 사람이 되게 하셨고 이 땅의 모든 목회자를 사랑할 수 있는 마음을 주셨다.

그렇게 눈이 젖어 있는 사이 예배당이 지어졌다. 하나님은 예배당 건축을 통해 나에게 커다란 위로와 깨달음을 주셨다. 단순히 교회 예배당뿐만 아니라 나의 인격과 믿음도 새롭게 건축되었다. 끝없이 계속되는 무모한 도전 속에서 하나님은 때를 기다릴 줄 아는 인내와 아무리 어려워도 포기하지 않고 묵묵히 나아갈 수 있는 끈기를 가르쳐 주셨다. 다른 사람의 아픔과 고통에 민감하게 반응하고 공감할 수 있는 따뜻함을 배울 수 있게 하셨다. 모든 교회를 끌어안을 수 있는 포용력과 아량을 주셨다. 건축을 통해 하나님이 나를 새롭게 세우셨던 것이다.

교회가 건축되고 나는 교회 주변에 새롭게 세워지는 아파트들을 돌아다니며 기도했다. 건축 중인 아파트 벽에 손을 얹고 '안수기도'를 하며 다녔다.

"아버지여, 이곳의 영혼들을 우리에게 허락하소서."

하나님은 건축을 통해 부족한 것이 많은 젊은 목사를 영혼을 사랑하는 사람이 되게 하셨다. 건축이 끝나고도 인근 아파트 상가 단지를 걸어 다니며 교회 주변이 유흥가가 되지 않게 해 달라고 축사했다. 하나님은 그런 기도에 응답하셔서 우리 교회 주변에 교육기관이 더 많이 들어서게 하셨다.

뒤돌아보니 나는 참으로 다양한 은총을 누렸던 사람이다. 건축을 하기 전 특별한 전도훈련을 하게 하셨다. 모든 계층의 사람들을 품을 수 있도록 준비시켜 주셨다. 유흥가 전도를 통해 사람을 가리지 않는 마음을 주셨고, 나이트클럽, 절, 점집까지 찾아가 전도하는 기회를 통해 청주의 모든 영혼을 끌어안을 수 있는 포용력을 주셨다. 그래서 지금도 나는 청주의 10분의 1의 영혼들을 우리가 감당할 수 있게 해 달라고 하나님께 기도하고 있다.

관리집사 없는 교회

참으로 어렵게 교회를 지었다. 완공된 교회 건물을 보며 교회 청년들과 청소년들이 얼마나 기뻐했는지 모른다. 교회가 완공되자 자기들끼리 돌아가며 교회에서 잠을 잤다. 남녀 구별이 따로 없었다. 순번을 정해 돌아가며 청소도 하고 잠을 자며 관리집사의 역할을 감당했다. 또 주일에는 청년들이 밥을 해서 새가족 어른들을 식사로 섬겼다.

청년들은 토요일이면 리허설을 하며 철저히 예배를 준비했다. 주일이 되면 은혜로운 예배로 장년들을 섬겼다. 이런 모습에 감동을 받은 많은 장년들이 교회에 정착했다. 제자훈련을 통해 신실하게 자란 청소년과 청년들의 모습에 오히려 어른들이 도전을 받았다. 어른들은 자신들도 우리 교회 청년들처럼 영적으로 성장하고 싶다고 말했다. 물론 처음에는 어려움도 있었다. "무슨 교육이 이렇게 많냐"라고 부담스러워했다. 하지만 약간의 적응기간을 거치면서 무리 없이 교육과정들을 잘 따라왔다.

그러면서 교회는 서서히 부흥되어 갔다.

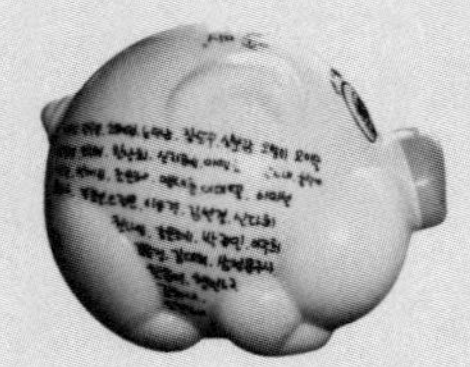

우리가 할 수 있는 것은 정말 기도밖에 없었다. 건축이 시작되자 우리 교회의 비밀병기 '개미군단'이 움직이기 시작했다. 교회 청년과 청소년들은 학교가 끝나면 바로 교회 건축현장으로 달려왔다. 교인 모두가 함께 건축 자재를 나르고 주변을 청소했다.

공동체로 세운 청소년 제자훈련

"너희 가정이 모델이 돼라!"

제자훈련은 가정에서 하는 것을 원칙으로 했다. 청소년 제자훈련
이라고 해서 예외는 없었다. 나는 이 원칙만은 양보하지 않았다. 가
정이 있는 청소년이라면 라면을 끓여 먹는 한이 있더라도 그 가정
에서 제자훈련을 했다. 그러다 보니 처음에는 아이들이 힘들어했
다. 하지만 시간이 흐르자 예수님을 믿지 않는 부모들도 집에서 저
녁식사를 준비해 주며 제자훈련에 협조했다. 자기 자녀가 성장하는
것을 싫어하는 부모는 없었다. 비록 자신은 신앙이 없다고 하더라
도 자녀가 변화되는 모습을 보면 행복해했다.

그러나 부모는 청소년 제자훈련에서 가장 큰 협력자인 동시에
걸림돌이기도 했다. 식사를 준비하며 도움을 주기도 했지만 그것을
빌미로 자녀들에게 간섭하고 야단도 쳤다. 혼을 내거나 야단을 칠
때마다 제자훈련을 핑곗거리로 삼았던 것이다.

"제자훈련을 받는다고 해서 밥까지 해주며 뒷바라지했는데, 정
작 너는 왜 그 모양이냐? 제자훈련을 한다면서 도대체 너는 뭘 배
우는 거냐?" 하며 야단을 치는 것이었다. 그럴 때마다 아이들의 마
음에는 비수가 꽂혔다.

청소년기는 고민이 많고 감수성이 예민한 시기다. 아이들은 학교
생활만으로도 고민이 넘쳐난다. 고등학교 진학문제, 대학교 진학문

제, 이성문제 등 그렇지 않아도 고민이 가득한데 부모들은 잘해 주다가도 성적이 조금만 떨어지면 참지를 못했다. 부모들은 오직 자녀의 성적에만 마음을 두었다. 제자훈련의 가장 큰 장애물은 공부 그 자체라기보다는 성적에만 집착하는 부모들의 이런 편협한 관심이었다. 제자훈련에서 답이 나오질 않아 내가 한숨을 쉬고 있었더니 한 아이가 마치 내 마음을 읽기라도 한 듯 아예 마침표를 찍어 버렸다.

"목사님, 저는 제자훈련을 할 수 없을 것 같아요. 집에서 제자훈련 교재를 펴 놓으면 공부는 안하고 매일 교회 책만 본다고 부모님이 심하게 욕을 하세요. 공부하다 잠깐 쉬는 마음으로 성경을 읽는데도 그때마다 보시고 욕을 하세요."

그러면서 갑자기 흐느껴 울어 버린다. 이 일을 어쩌면 좋겠는가! 나로서는 답이 없었다.

물론 부모들이 변화하면 가장 좋을 것이다. 하지만 그 부모들을 무슨 재주로 변화시키겠는가! 부모들이 달라지면 청소년 사역은 엄청난 열매를 맺게 될 것이다. 중요한 것은 '토양'이었다. 청소년의 경우는 가정이 핵심적인 요소였다. 일종의 롤모델이 필요한 것이다. 사람은 배운 대로 행하기 마련이다. 아름다운 가정의 모델을 봐야 아이들이 자라 어른이 되어 자신이 배운 대로 아름다운 가정을 이루며 살 것이 아니겠는가!

나는 하나님께 대안을 달라고 기도했다. 그런 기도가 반복되는 가운데 어느 날, 마음속에서 "너희 가정이 그들의 모델이 되어 주라"는 음성이 들리는 것 같았다. 그래서 지나가는 말로 아이들에게 "얘들아, 너희들 목사님 집에서 같이 살래?" 하고 물었다. 그랬더니 아이들은 서로 앞다투어 목사님과 같이 살고 싶다고 대답했다. 내친김에 집에 가서 부모님께 말씀을 드리고 허락을 얻으라고 했더니 일주일 만에 열여섯 명의 아이들이 보따리를 싸들고 교회로 왔다.

교회로 들어오는 아이들의 얼굴에는 함박웃음이 가득했다. 희한한 일이었다. 목사님 집으로 살러 들어오는 녀석들이 옷 보따리를 방에 던지며 "오, 예!", "할렐루야!"를 외쳤다. 평소 아이들의 부모님이나 할아버지, 할머니들을 심방하며 상담해 주고 섬겼더니 그분들은 목사님, 사모님을 믿고 자식들과 손주들을 보내 주었다. 그러나 이 일은 전적인 하나님의 은혜였다. 하루이틀도 아니고 다 큰 자식들을 집에서 내보내는 일이 어찌 쉬운 일이겠는가!

아이들은 들어오며 "오, 예!"를 외쳤지만, 그건 아이들의 착각이었다. 나는 아이들을 놀게 하려고 데려온 것이 아니었기 때문이다. 그 아이들과 4년을 함께 먹고 자면서 제자훈련을 시켰다. 물론 함께 놀기도 했지만 잘못할 때는 야단도 치고 따끔하게 회초리도 들었다. 이 모든 것은 '한솥밥'을 먹으며 함께 살았기 때문에 가능한 일이었다.

그런 '동거'가 늘 평화로웠던 것만은 아니다. 한번은 이런 일도 있었다. 이성문제로 속을 썩이고 교회의 질서를 자주 깨곤 하던 녀석이 있었는데, 참다못한 사모가 매를 들었다. 그랬더니 이 녀석이 "사모님이 뭔데 절 때려요?" 하며 덤볐다. 철없는 녀석의 생각 없는 말이었지만, 사모는 이 일로 한동안 가슴앓이를 했다. '아무리 자식같이 키워도 남은 남이구나….'

그러나 아이들은 자란다. 시간이 흐르면 몸도 마음도 성장하기 마련이다. 그렇게 철없던 녀석이 어느새 결혼을 한다며 우리에게 인사를 왔다. 그때 그 녀석이 했던 말이 잊히지 않는다.

"사모님, 그때 왜 저를 더 때려 주시지 않으셨어요…. 그때 저를 좀 더 때려 주셨더라면 지금보다는 훨씬 더 나은 모습이 되어 있었을 텐데…."

예수님이 다녀가신 성탄절

당시 '생활 공동체'는 '고구마 창고 교회' 교육관에서 시작되었다. 지하실이 본당이었고 1층을 임대해서 교육관과 사택으로 쓰고 있었다. 교육관과 사택을 합쳐야 15평 정도 되었으니 스물두 명이 함께 살기에는 코딱지 만한 집이었다. 식사를 하기 위해 방에 상을 차려 놓으면 앉을 자리가 없었다. 서로 비집고 앉아서 밥을 먹다 보면 모두가 힘이 들었다. 잠자리도 역시 힘들었다.

가장 곤란했던 것은 화장실이었다. 다른 것들은 그럭저럭 참을 수 있었지만 화장실은 대안을 찾기가 어려웠다. 여자들은 사택에 있는 화장실을 썼고 남자들은 교육관 건물을 쓰면서 바깥 화장실을 이용했는데, 아이들이 자다가 볼일을 보러 밖으로 나가는 일은 무섭기도 하거니와 보통 귀찮은 일이 아니었다.

그래서 아이들을 훈련시켰다. 생활습관을 바꿨다. 아침에 일어나서 화장실에 가던 습관을 바꾸어 등교 후 학교에서 용변을 해결하자고 제안했다. 불편하고 힘든 일이었지만 아이들은 잘 따라 주었다. 그런 우리의 모습이 하나님 보시기에도 딱하셨던 것일까? 어느 날 길이 열렸다.

집주인이 2층이 비게 되었다고 알려 주었다. 그래서 우리는 2층을 얻기 위해 또 기도했다. 2층을 다시 아주 싼값으로 얻어 1층 사택과 2층의 방 두 개로 확장이 되었다. 무엇보다 기뻤던 것은 화장실이 늘었다는 사실이었다. 남자 공동체는 분리되는 복을 얻었고, 아이들은 주 안에서 함께 사는 기쁨이 무엇인지를 맛보며 주님을 닮아 가는 청소년들로 성장해 갔다.

공동체 청소년들이 받은 가장 최고의 복은 자립심을 기른 점이었다. 아이들은 순번을 정해 스스로 청소했고, 밥을 짓는 일도 남녀

구분 없이 순번에 따라 돌아갔다. 아침에도 아이들이 서로를 깨워 주었고 자신의 일은 자신이 스스로 알아서 하도록 했다. 그렇게 '자립형 인간'으로 사는 법을 자연스럽게 깨칠 수 있었던 것이다.

지금 생각해 보면 그 많은 아이들을 어떻게 다 먹일 수 있었는지 알 수가 없다. 다만 하나님의 채우심이 놀라웠다는 기억뿐이다. 어떤 때는 우리가 봉사를 나갔던 장애우 기관에서 거꾸로 우리에게 먹을 것을 보내주기도 했다. 하나님은 또 내가 아는 분들을 통해 필요한 식량을 채워 주시기도 했고 이런저런 경로를 통해 일용할 양식을 만나처럼 내려 주셨다. 봄이면 묵은 김치를 이 집 저 집에서 얻어다가 캔 참치 한두 개 풀어 넣고 멀겋게 국을 끓여 먹었던 기억이 가장 많이 난다.

많은 인원이 함께 살다 보니 정작 내 아이들은 특별한 것을 별로 먹어 보지 못하고 자랐다. 아버지로서 그 점이 늘 미안했다. 학교 갔다 오면 먹을 것이 없어서 매일 진간장에 밥을 비벼 먹었다는 이야기, 먹을 것으로 가득 차 있던 친구네 집 냉장고가 항상 부러웠다는 이야기, 먹을 것이 없어서 늘 배가 고팠다는 아이들의 이야기를 들으면 지금도 마음이 아리다. 아마도 우리 아이들에게 진 빚은 앞으로도 영원히 갚지 못할 것 같다. 목회자의 자녀로서 그 아이들이 감당해야 했던 짐은 내 가슴에 언제나 멍울로 남아 있을 것이다.

그 해 성탄절을 이틀 앞둔 날, 인근 지역 상가 상인들이 우리 교회를 찾아왔다. 그중 한 명이 내게 이렇게 말했다.

"저는 이 지역 상가 주인들 모임의 대표입니다. 목사님이 귀한 일을 하신다는 소문을 듣고 왔습니다. 큰 건 아니지만 조금이라도 도움이 될까 해서 가지고 왔습니다"하며 라면 스무 박스와 초코파이에 헌금까지 내밀었다. 모두 신앙이 없는 사람들인데, 우리가 함께 사는 모습에 감동을 받았다는 이야기였다.

삶은 그 안에 저마다의 향기를 가지고 있는 것 같다. 풍요롭진 않지만 주님의 모습을 닮고자 노력했던 우리 공동체의 삶이 세상 사람들에게 아름다운 향기로 전해졌나 보다. 우리가 돌아다니며 굳이 설명하지 않았지만 사람들은 느낌으로 모든 것을 알았다. 우리는 아무 말도 하지 않았지만 주변 사람들이 대신해서 우리를 자랑해 주었다. 우리가 외치지 않아도 그들이 외쳐 주었다. 전도는 말로만 하는 것이 아니었다. 몸으로, 삶으로 하는 것이었다.

그 해 성탄절은 예수님이 우리 교회에 다녀가신 정말 특별한 날이었다. 하나님은 그렇게 특별한 손길로 우리 교회를 세워 가셨다.

훈련, 훈련, 훈련

공동체 생활은 다소 엄격한 편이었다. 새벽예배로 하루를 시작하고 저녁에는 일찍 잠자리에 들었다. 일찍 자고 일찍 일어나도록 아이들을 훈련시켰다. 일찍 자야 일찍 일어날 수 있었고, 일찍 일어나지 않으면 새벽예배를 드리는 것이 불가능했으니 당연한 일이었다.

이런 생활방식이 가능했던 것은 개인용 컴퓨터나 텔레비전 같은 미디어에 노출되는 시간이 없었기 때문이었다. 낭비하는 시간이 없으니 학교 숙제를 일찍 마칠 수 있었고 일찍 잠자리에 들 수 있었다. 일찍 자고 일찍 일어나는 것은 아이들의 성장에도 긍정적인 영향을 미쳤다.

새벽예배를 마친 후에는 근처 양궁장에 올라가 운동을 했다. 체조를 하고 양궁장을 다섯 바퀴씩 돌았다. 그리고 기도 후에는 신나게 함성을 질렀다. 오늘도 주님이 주시는 은혜와 힘으로 승리하자고 외쳤다. 이런 활동들은 심신을 건강하게 유지시켜 주었다. 교회 부지를 매입한 후에는 교회부지까지 달려가 함께 기도하고 다시 교회로 달려오곤 했는데 이러한 일과는 자연스럽게 운동이 되었다.

집에 돌아온 아이들은 사모와 식사 당번이 차린 밥을 먹고 등교했다. 그리고 학교에서 돌아오면 생활교육을 했다. 나는 이 생활교육을 통해 아이들의 인성, 지성, 영성이 균형 있게 성장할 수 있도록 이끌었다. 부족한 공부는 선후배간 서로 가르치며 도와주었다. 누가 먼저랄 것도 없이 솔선수범하며 함께 공동체를 이끌어 갔다.

이렇게 생활한 공동체원들은 자연스럽게 교회의 리더가 되었다.

이들은 리더로서 필요한 사역들을 잘 감당해 주었다. 교회의 모든 사역의 중심에는 이들 공동체원들이 있었다. 이들을 리더로 길러 내기 위해 내가 진행했던 훈련의 상세한 내용들은 다음과 같다.

대화 훈련

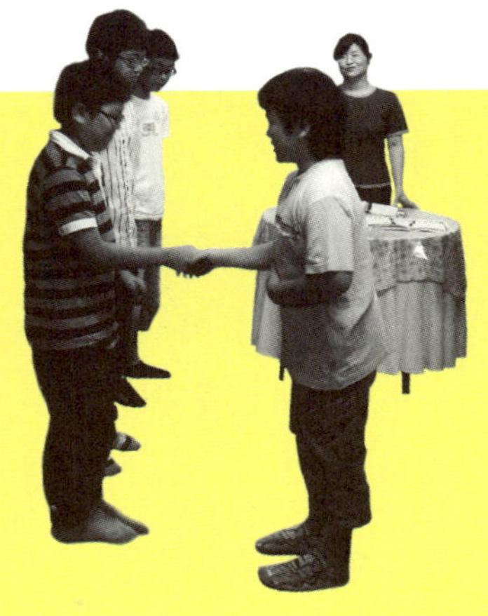

아이들은 말 때문에 서로 다툼이 잦았다. 나는 이것을 고쳐 주기 위해 대화훈련을 시켰다. 이 훈련은 아내가 맡았다. 처음에는 책에서 읽은 것들을 다루다가 'P.E.T'(효과적인 부모 역할 훈련)이라는 정식 교육을 받고 우리 환경에 맞게 수정하여 사용했다. 우리는 이 훈련의 이름을 '119 대화훈련'이라고 지었다.

　이 훈련은 아내 자신을 위한 훈련이기도 했다. 연년생 자식 넷과 공동체 자식들을 품고 함께 사느라 아내도 나름대로 말에 대한 고민을 많이 했던 모양이다. 이 훈련은 지금까지도 이어져 현재는 아동부 대화훈련, 청소년 대화훈련, 청년 대화훈련, 장년 대화훈련으로 분리되어 있다. 우리 교회의 모든 성도는 이 훈련을 기쁨으로 받는다.

식사예절교육

요즘 가정에는 '식탁교육'이 사라졌다. 무조건 공부만 시키기 때문에 아이들은 이런 훈련을 받을 기회가 없다. 밥도 마음 내키는 대로 게걸스럽게 먹고 상대를 배려할 줄 모른다. 식탁 문화가 사라진 것이다. 생각보다 식탁교육은 중요하다. 그래서 우리는 식사예절을 가르쳤다. 어른과 함께 식사할 때는 어른이 먼저 수저를 들 때까지 기다린다거나 어른에게 먼저 식사하시라고 권하기, 먹기 전에 힘들게 식사를 마련해 준 사람에게 감사하기, 먹으면서 맛있다고 표현하기 등이 교육 내용에 포함되었다.

인사교육

인사할 때는 허리를 굽혀 90도로 인사하는 '배꼽 인사'를 하라고 가르쳤다. 시대가 아무리 변해도 인사는 인간의 기본이다. 위아래를 몰라보고 어른을 공경할 줄 모른다면 어떻게 하나님을 경외하는

자녀가 될 수 있겠는가? 그래서 선후배간에 인사를 잘하라고 교육
고 교회나 이웃어른들을 보면 꼭 인사하도록 가르쳤다.

인사교육은 효과가 컸다. 지금도 장년 새가족이 오면 우리 교회
에서 가장 인상 깊은 점으로 90도로 인사하는 청년과 아이들을 꼽
는다. 한 번 전통을 세우니 시간이 흘러도 잘 유지되고 있다.

지금도 청소년 예배가 끝나면 '5분 교육'을 한다. 먼저 리더들을
일으켜 세워서 "목사님, 안녕하세요?", "집사님, 안녕하세요?" 하고
인사하는 시간을 가진다. 그런 다음에는 모두 일으켜 세워 따라하
도록 시키고 개인별로 세워 연습을 시키기도 한다.

최근에는 아동부 공동체 아이들을 본당 입구에 한 줄로 세워 놓
고 이 훈련을 시켰다. '토요아침학교'에서는 가정별로 훈련을 시킨
다. 한동안 훈련을 쉬어서 교인들의 목이 곧을 만하면 또다시 훈련
을 시킨다.

우리 교회 아이들은 열악한 환경에서 자란 탓인지 책을 잘 읽지 못했다. 책을 읽을 때면 더듬기도 하고 자주 틀리기도 했다. 그래서 초등학생처럼 큰소리로 책 읽는 훈련을 시켰다. 책을 읽는 것은 그 자체로 훌륭한 공부가 된다. 지식을 얻을 수 있을 뿐만 아니라 문장을 이해하고 글 전체의 주제를 이해하는 등 사고를 훈련하는 데 유익하기 때문이다. 또한 큐티 시간에 성경 본문의 내용을 요약하거나 반대로 늘리는 훈련을 시키기도 한다. 이런 훈련은 우리 교회의 좋은 문화로 정착했다. 청소년 리더를 교육시킬 때도 필독서를 읽게 한 후 독후감을 받거나 공동체에 속한 아이들의 부모님들에게도 필독서를 읽게 한 후 독후감을 받고 있다.

글쓰기

서론, 본론, 결론 형식에 맞춰 글 쓰는 훈련을 통해 자신의 뜻을 명확하게 표현할 수 있도록 가르쳤다. 교육을 하고 난 뒤에는 교육받은 내용에 대해 자신의 생각을 글로 정리하게 시켰고 그 내용을 발표하게 했다. 이렇게 하면 글쓰기 훈련과 말하기 훈련이 동시에 이루어졌다.

이 교육 역시 지금도 계속 이어지고 있다. 프로그램을 마치고 나면 항상 간증하는 글을 쓰게 하고 발표하는 시간을 갖게 한다. 그래서 우리 교회 안에는 지금도 성도들의 간증 글이 산더미처럼 쌓여 있다.

열악하고 가난한 환경에서 자라난 아이들이 많다 보니 아이들에게
배어 있는 '거지 근성'을 없애야 한다는 생각이 들었다. 그래서 스
스로 정당한 값을 지불하고 대가를 받는 '유료훈련'을 시켰다. 주일
에 청소년들, 청년들이 다함께 모여 식사를 할 때는 100원씩이라도
밥값을 내도록 했다. 100원도 없는 아이들은 밥값 대신 말씀을 암송
하게 했다. '밥값함'을 만들어 놓고 그 함에 돈을 넣거나 말씀을 암
송해서 써 넣도록 한 것이다. 교회를 지은 후에는 이 '밥값함'을 '찻
값함'으로 사용했다. 교회 내에 카페를 만들었는데, 지금도 우리는
여전히 찻값을 받아 재료를 구입하는 데 보태고 있다.

밥값 대신 말씀을 암송하면서 시작된 암송교육은 지금도 지속적
으로 진행하고 있다. 집집마다 암송카드가 붙어 있고 모든 공동체
에서 훈련받는 아이들은 말씀 암송이 필수다. 한달에 한 번 '아침학
교'에서 4주분 말씀 암송으로 시상을 하며 두 달에 한 번은 아동부
전체가 참여하는 말씀 암송대회를 연다. 아무리 디지털 시대라고
해도 성경의 좋은 원리들은 양보하지 않으려고 발버둥치고 있다.

이렇게 다양한 훈련을 진행하고 있지만 공동체 훈련의 핵심은
'함께 사는 일'이다. 공동체에서는 함께 사는 것 자체로 엄청난 교
육이 이루어졌다. 말하고 행동하는 모든 것, 함께 밥을 먹고 생활
하는 것, 함께 기도하고 예배 드리는 것 자체가 아이들에게는 학습

이 되었다. 함께 사는 삶은 아이들에게 그 자체로 힘들면서도 가장 소중한 교육이다. 더욱이 요즘처럼 형제자매 없이 혼자 자라는 아이들이 많은 시대에는 최고의 체험학습이다. 다양한 아이들이 서로 배려하고 섬기고 양보하며 손해 보는 생활을 경험하는 것은 공동체만이 제공할 수 있는 '최고의 교육'이다. 물론 그 안에는 다양한 문제도 일어나고 갈등도 빚어지지만 그런 부딪침과 갈등을 통해 해결점을 찾아가는 훈련은 공동체가 아니고는 할 수 없다.

이 '생활 공동체' 속에서 함께 자란 나의 큰아들은 이제 스물다섯 살이 되었다. 지금 이 아이는 자신이 공동체 속에서 생활했기 때문에 잘 성장할 수 있었다고 말한다. 여러 가지 어려움도 많았지만 그 공동체에서 보낸 시간들은 무엇과도 바꿀 수 없는 값진 보화라고 고백한다. 큰아이는 자신도 목회자가 되면 반드시 이런 공동체 생활을 하겠다는 꿈을 갖고 있다.

비빌 언덕 만들기

내가 제자훈련을 시켰던 아이들은 사실 갈 곳도, 기댈 곳도 없는 녀석들이었다. 가정에서도, 학교에서도, 사회에서도 그들을 반겨 주지 않았고 따뜻하게 품어 주지도 않았다. 그러니 단순히 훈련만 시키는 것으로는 부족했다. 아이들이 예수님의 제자로 충실히 살아갈 수 있도록 돕기 위해서는 경제적인 뒷받침이 필요했다. 그 고민은 아이들을 위한 '일터'를 만들어야겠다는 생각으로 발전했다.

34년 전, 청소년 시절의 나는 너무 궁핍해서 늘 굶주리는 삶을 살았다. 중학교 3년 내내 한 번도 제때 공납금을 내본 적이 없었다. 아침 조회를 마치면 담임 선생님이 늘 내 이름을 호명했다. 그러고는 교무실 복도로 끌려가 정학 당한 아이들과 함께 무릎을 꿇고 벌을 받았다.

가난하다는 것은 죄가 아닐 것이다. 하지만 부모님의 가난은 내게 죄가 되었다. 나는 중학교 과정 3년을 아무런 희망 없이 다녔다. 남과 구별되는 가난이라는 굴레를 쓰고 모든 상황에서 마치 죄인처럼 살아야 했다. 어린 나이에도 그 느낌은 비참하고 고통스러웠다. 자식에게 그런 아픔을 줘야 하는 부모님의 심정도 괴로우셨을 것이다. 도저히 손을 쓸 수 없을 만큼 우리집의 경제상황은 심각했다.

당시 우리집은 빚이 얼마나 많았던지 매일 빚쟁이가 찾아왔다. 빚쟁이들은 안방을 차지하고 앉아 빨리 빚을 갚으라고 요구하면서 돌아가지 않았다. 그런 날이 허다했다. 빚에 쪼들릴 대로 쪼들려 있는 집안 형편 때문에 나는 하루 세 끼니조차 해결할 수 없었다. 먹는 날보다 먹지 않는 날이 많았다. 허기로 배를 채웠다. 그런 상황에서 고등학교 진학은 꿈도 꿀 수 없는 일이었다.

어떻게 간신히 중학교를 졸업한 16세의 겨울, 나는 취업을 했다. 인천 연안부두의 지하실에 있던 중국집에서 첫 사회생활이 시작되었다. 자장면 배달로 시작된 삶은 이어 서울 동대문 옷 공장과 섬유 공장을 전전하며 기술을 배우는 것으로 이어졌다. 유년기의 궁핍은 청년기의 궁핍으로 이어졌고 좀처럼 나는 가난에서 벗어나지 못했다.

공장 바닥에서 밥을 하고 중부시장에서 가장 싸게 처분하는 김치를 사다 끓여먹는 것으로 허기를 면했다. 공장 바닥에서 잠을 자면서 기술을 배웠다. 그 바닥 사람들은 '단순무식' 그 자체라서 입만 열면 꿈에서도 잊지 못할 욕설과 음담패설을 쏟아 냈다. 그런 사람들 속에서 살아남는 길은 하루속히 기술을 배우는 길밖에 없었다. 무시당하지 않으려면 그 길밖에 없었다.

그래서 나는 잠을 자지 않았다. 목숨 걸고 기술을 배웠다. 그런 상황에서 하나님을 인격적으로 만나게 되었다. 물론 모태신앙이었지만 그동안은 체험이 없는 '머리의 신앙'으로 부모님의 하나님을 믿어 왔던 셈이다. '나의 주님'을 인격적으로 만난 이후 나는 예수님께 미쳐서 살았다.

우리 집안은 모두 천주교인이었다. 자연스럽게 나도 신부의 길을 생각했다. 신학생이 되기 위한 신부 준비 수업까지 받았다. 고등학교 과정을 독학으로 마치고 가톨릭신학대학교 입학을 준비했다. 당시 나는 가톨릭 신학생의 집에 기숙하며 하나님의 부르심에 응답하기 위한 준비를 시작했는데, 가톨릭의 술과 담배 문제가 도저히 용납되지 않았다. 혼자서 심하게 갈등하다가 이 길은 아닌 것 같다는 생각을 하게 되었고 아는 사람이 아무도 없는 개신교로 혼자 개종했다. 개종한 이후 가족으로부터 받은 핍박은 너무도 컸다. 우리 가족은 나를 '배교자'로 불렀다.

우리 교회 아이들을 보면서 나는 내 청년기를 생각했다. 나만큼이나 가난하고 힘겨운 아이들, 그 아이들이 무엇을 생각하고 무엇을 원하는지 내게는 훤히 보였다. 내 삶 역시 그 아이들의 삶과 별반 다르지 않았고 어떤 의미에서 그 아이들은 소년기와 청년기의 또 다른 나였기 때문이다. 그 아이들의 설움과 고통과 아픔은 곧 내 설움과 고통과 아픔이었다. 그 아이들의 절망이 당시 내가 느꼈던 절망으로 느껴졌다. 그래서 나는 그 아이들에게 '비빌 언덕'이 되어 주고 싶었다.

만약 내 인생에 그 누군가가 조금이라도 도움을 주었더라면 나는 더 큰 꿈과 비전의 사람이 되었을 것이다. 그러다 보니 아무리 못된 짓을 하며 내 속을 썩여도 나는 그 아이들에게 힘이 되어 주고 싶었다. 조언자가 되어 주고 싶었다. 그들을 포기할 수가 없었다. 하나님은 내가 자라 온 열악한 환경을 떠올리게 하시며 그 불가능해 보이는 아이들을 포기하지 않도록 붙드셨던 것이다.

제1호 가게, '입고 또 입고'

돈을 들이지 않고 청년들과 갈 곳 없는 청소년들을 도울 수 있는 방법을 찾아보았다. 궁리 끝에 생각해 낸 것이 헌옷 가게였다. 당시는 헌옷 가게가 한두 군데 눈에 띄기 시작하던 때였다. 헌옷 가게는 거저 하는 장사인 줄 알았다. 돈도 들지 않고 옷도 거저 모이는 줄 알았다. 일단 여기저기 지인들에게 연락해서 헌옷가지를 모았다. 부지런히 모은 옷을 방과 베란다에 잔뜩 쌓아 놓고 옷을 정리했다. 골라 보니 제법 그럴듯한 옷 가게를 차릴 수 있을 듯했다.

그런 후에 가게 자리를 알아보러 다녔다. 비록 돈은 없었지만 '자식'들에게 가게를 내줄 수 있겠다는 생각에 '아비'의 마음은 행복하기만 했다. 뜻이 있는 곳에 길이 있다고 했던가? 동사무소 옆에 보증금 100만 원에 월세 7만 원을 달라는 가게 자리가 있었다. 사람들이 제법 왕래하는 장소였다. 생각보다 월세가 싸다는 생각에 일을 저질렀다.

가게를 마련한 후 내부 인테리어를 직접 하고 아이들과 함께 도배를 한 후 옷가지를 날랐다. 그렇게 해서 우리의 제1호 가게 '입고 또 입고'가 문을 열었다. 그런데 장사를 시작한 지 얼마 되지도 않아 문제가 생겼다. 판매할 헌 옷을 지속적으로 구해 올 수도 없었고, 헌 옷을 구하는 통로도 알 수가 없었다. 수급이 제대로 되지 않아 날마다 그 옷이 그 옷이니 판매가 지속적으로 이루어지지 않았다. 형편이 그렇다 보니 얼마 안 되는 월세마저 제대로 지불할 수 없는 상황에 직면하게 된 것이다. 좋은 뜻으로 시작한 사업이고 수익은 없더라도 운영하는 아이들에게 밥은 먹게 해주어야 하는데 대안이 없었다.

결국 이 사업을 계속할 수 없다는 결론에 도달했다. 순수한 마음 하나면 모든 일이 다 될 것 같았는데 현실은 그렇지 않았다. 경험이 부족한 탓이었고 의욕만 앞선 결과였다.

제2호 가게, 컴퓨터 수리방

처음에 '입고 또 입고'를 오픈하면서 가게 주인과 3년 계약을 맺었다. 그때는 꿈에 부풀어 있었기 때문에 3년이란 기간이 별 문제가 되지 않을 것 같았다. 그런데 '입고 또 입고'가 채 1년도 안 되어 문을 닫게 되었다. 그렇다고 계약이 취소되는 것도 아니었다. 설상가상이었다. 어려운 형편에 꼬박꼬박 월세만 지불하는 상황이 되었다.

고민 끝에 다시 남자아이들을 살려 볼 길을 찾았다. 마침 지인 중에 컴퓨터 출장 수리를 하는 분이 있어서 그분께 도움을 얻을 수 있었다. 아이들은 몇 개월에 걸쳐 지인에게 컴퓨터 수리 기술도 배우고 실습도 하면서 컴퓨터에 관한 전반적인 공부를 마쳤다. 그런 다음 그분의 도움을 받아 컴퓨터 수리방을 열었다. 돈이 없으니 이

번에도 빚을 내서 사업을 시작했다. 필요한 컴퓨터를 사고 공구도 준비한 후 가게를 오픈했다.

사람들의 반응이 좋았다. 제법 장사가 되었다. 조립 컴퓨터 주문과 출장 수리로 생활비를 벌면 아이들이 먹고살 수 있는 기반을 마련할 것 같았다. 희망이 보였다. '입고 또 입고' 때 실패한 경험을 토대로 아이들을 지속적으로 교육하며 꿈도 심어 주었다. 남자아이들은 열정적으로 일했다. 가게를 여는 데 도움을 주었던 지인도 아이들이 잘하고 있다고, 가능성이 있다고 좋아했다. 나는 속으로 '사내 녀석들이라 다르구나' 하며 뿌듯해했다.

그렇게 몇 달이 지났을까, 다시 문제가 생기기 시작했다. 번듯한 일터가 생겼으니 감사한 마음으로 일만 열심히 하면 얼마나 좋을까? 그런데 아이들 입장은 그게 아니었던 모양이다. 제멋대로 살던 녀석들이라 가게에 갇혀 장사하는 생활에 적응을 하지 못했다. 어떻게든 밖으로 나가고 싶은 충동을 억제하지 못했다.

가게를 맡고 있던 녀석이 어느 날 말도 없이 사라졌다. 아무리 찾아도 찾을 수가 없었다. 꽤씸하기도 하고 불안하기도 하고 걱정도 되었다. 그런데 그 녀석은 며칠 후 아무 일도 없었다는 듯이 다시 나타났다. 어이없어 하는 내 앞에서 씩 웃으면 그만이었다. 할 말이 없었다. 야행성으로 마음껏 돌아다니며 살던 시절을 그리워했고 오히려 음식점 배달 일을 하고 싶다며 나가 버리기도 했다.

편지를 씁니다.
오랜만에 엄마에게 글을 쓰네요. 엄마 평생을 불러고
아쉬운 나의 우상 엄마는 나의 영원한 벗이어요
없이 매일 힘드시죠 거기에 내가 힘을 쑥 뺏네요.
한순간 한순간 매일 난... 생각합니다. 3년이라는
시간 사랑을. 오늘 얼굴 잊지 못하지에.. 그냥 울고싶고
마음 도망가고 싶습니다. 난 어리석은 이 세상의 마지막
종입니다. 아들이 될 수 없는 부족한 종이염
살고 싶지 않습니다. 내가 살고 있는것 아무런 의미가
없네요. 죄송합니다 제가 어떤 선택을 해도
이해하시고 기다려 주십시오. 사랑합니다. 나의 어머니.

     이 너무너무 사랑하는 아들이
          엄마에게

꿈을 이루려면 거기에 따르는 고통과 어려움을 감내해야 한다. 하지만 인내해 본 경험이 없는 아이들은 그런 것을 이해하지 못했다. 규율이 없이 되는 대로 살아왔던 녀석들이라 제멋대로 들어왔다 나갔다를 반복했다. 그런 아이들을 달래도 보고 얼러도 보고 야단도 쳤다. 그러면 눈물을 흘리며 반성하고 잠시 동안은 마음을 다잡는 것처럼 보였다. 하지만 그때뿐이었다. 며칠을 견디지 못하고 또 사라졌다.

이런 일이 반복되다 보니 사업이 제대로 될 리 만무했다. 결국 컴퓨터 수리방은 망하고 말았다. 제2호 가게마저 문을 내려야 하는

아픔을 겪을 수밖에 없었다. 인간적으로 생각하면 아이들이 미워야 했다. 그런데 나는 그 아이들이 밉지 않았다. '이 녀석들에게 어떻게 해야 길을 열어 줄 수 있을까?' 고민만 더해 갔다.

제3호 가게, 미용실

두 번째 사업마저 말아먹었는데도 여전히 가게 계약 기간은 남아 있었다. 그러나 아이들을 데리고 또 다른 사업을 하는 것은 더 이상 불가능하다는 생각이 들었다.

그런데 어느 날 청력장애가 있는 한 집사가 우리 교회에 등록을 했다. 그분은 미용기술이 있었다. 말을 들어 보니 이전에 미용실을 운영했기 때문에 미용재료들도 다 가지고 있다는 것이었다. 그래서 사업을 통해 아이들을 도와 보라는 생각으로 그 자리를 빌려 주었다.

사람의 마음이 늘 한결같다면 얼마나 좋을까! 모든 일이 그렇듯이 동기는 좋았지만 시간이 흐르면서 과정은 변질되어 갔다. 처음 마음은 다 어디로 가고 미용실은 전혀 다른 방향으로 흘러가고 있었다. 어쩔 수가 없었다. 눈물을 머금고 가게 문을 닫았다. 3년에 걸친 나의 시도는 세 번의 실패로 끝을 맺었다.

빚만 떠안은 또 한 번의 시도

3년에 걸친 세 번의 실패가 내게 남긴 것은 이렇게 하면 확실하게 실패할 수 있다는 교훈이었다. 그런데도 나는 아직 포기가 되지 않았다. 이번에는 경험이 있는 분야로 뛰어들기로 했다. 바로 옷 가게였다.

우리는 이전에 길거리에서 옷 장사를 한 경험이 있었다. 그 경험을 밑천으로 삼기로 했다. 이번에는 꼭 성공할 수 있다는 믿음으로 청년들도 공동투자를 하기로 했다. 한달 동안 공장을 다니기도 하고 아르바이트를 하기도 해서 모은 돈이 550만 원이나 되었다. 그리고 1,500만 원을 대출해서 가게를 개업했다.

그런데 점포를 얻어 장사를 하려니 길거리 장사 때와는 차원이 달랐다. 매달 가겟세와 관리비를 내야 했고 경영하는 사람의 생활비도 마련해야 했다. 하지만 판매는 목표치에 도달해 주지 않았다. 무엇보다 옷을 대 주는 목사의 가치관이 나와는 너무도 달랐다. 오로지 수입에만 관심이 있었지 사람을 살려 보고자 하는 나의 애타는 마음에는 아랑곳하지도 않았다. 그는 우리 청년들을 사업에 필요한 도구로 보았지 그들을 살리는 데에는 관심이 없었다. 계속 쌓여 가는 빚을 보며 그 사업도 정리할 수밖에 없었다. 사업을 정리하자 또다시 빚만 나에게 돌아왔다.

그 정도 실패했으면 포기도 되련만, 아이들을 책임져야 한다는 나의 소명은 여전히 포기가 되지 않았다. 어떻게 해서든지 아이들을 살려 보고 싶었다. 그래서 다시 시도한 것이 가구 도매업이었다.

아내와 20년 넘게 아주 절친하게 지내던 분이 가구사업을 하고 있었다. 그분이 가구 도매업을 동업하자는 제의를 해왔다. 어수룩한 나는 그 일을 하면 청년들의 일자리가 마련되겠다는 생각이 들었다. 그래서 아내 직장의 신용조합에서 아내와 동료 선생님들의 신용으로 거액의 돈을 빌려 사업을 시작했다. 아이들을 살려 보려고 큰 도전을 했다. 동업자가 너무 신실한 분이라 아무 의심 없이 시작했다. 그러나 열 길 물속은 알아도 한 길 사람 속은 모르는 법이다. 그 일도 1년 후 2,500만 원의 빚만 떠안은 채 끝났다.

나그네와 고아와 과부를 돌보려다가 손에 쥔 것은 1억 원에 가까운 빚이었다. 뒤돌아 생각해 보니 참으로 '어리석은' 일을 많이 했다는 생각이 들었다. 그러나 내 이득을 계산하려는 마음이 있었다면 이런 일은 시도조차 못했을 것이다. 쓸쓸한 결과 앞에서 나는 할 말이 없었다. 그동안 벌인 이 사업, 저 사업으로 인해 아내는 퇴직금을 한 푼도 손에 쥐지 못한 채 오랜 교직생활을 빈손으로 마감했다. 나는 정말로 '고액 과외비'를 내고 목회훈련을 받았던 것이다.

어느새 청년 중심 교회로

언제나 변화는 사람으로부터 시작된다. 아이들과 씨름을 하다 보니 교회 역사의 축이 바뀌어 갔다. 사역의 중심에 항상 청소년이 있었는데, 그 아이들과 2-3년을 씨름하다 보니 어느새 그들이 청년으로 바뀌어 있었다. 나도 모르는 사이 교회의 정체성이 변화되어 있었다. 함께 훈련을 받으며 성장한 청년들이 교회의 중심이 되면서 사역이 스스로 돌아가기 시작했다. 나는 청소년들에게 인정받는 청년들을 골라 '함께 사는 공동체'의 리더와 헌신자로 배치하여 함께 사역을 이끌어 나갔다.

이들은 내게 든든한 조력자이자 친구였다. 성장한 청년들을 데리고 안성수양관에서 열리는 '젊은이를 깨우는 세미나 2080'에 참여한 적이 있다. 전국 각 교회에서 온 청년들이 이 세미나에 참석했다. 세미나가 진행되는 동안에 각 교회별 활동 프로그램이 있었다. 교회별로 교회의 철학과 비전을 세워 1년간의 목회 계획을 세우는 활동이었다.

활동 후 소그룹별로 나가서 발표를 했는데, 우리 교회 청년들이 1등을 했다. 청년들도 무척 기뻐했지만 내 마음도 말할 수 없이 기뻤다. 그동안의 고생이 다 녹아내리는 듯했다. 너무도 뿌듯하고 대견했다. 세미나에 참석하면서 청년들은 그동안 사로잡혀 있던 '시골

뜨기'라는 열등의식에서 벗어날 수 있었다. 이 일을 통해 나도 '내 목회가 잘못 가고 있지 않구나'라는 사실을 확인하고 큰 위로와 격려를 얻었다.

청년들 덕에 이제는 중학교 아이들을 키우는 일에 집중할 수 있었다. 중학교 아이들은 순식간에 청년으로 자라기 때문에 절대로 소홀히 할 수 없는 존재들이었다. 중학교 아이들만 따로 중그룹으로 모아 새가족 교육과 성장교육을 시켰다. 구체적인 생활을 점검했고 학교로 심방을 가서 가르치기도 했다. 그런 과정을 통해 아이들을 준비시킨 다음 제자양육과 제자훈련에 들어갔다. 물론, 그 과정에서 떨어져 나가는 아이들도 있었다. 하지만 숫자에는 개의치 않았다. 단 한 명의 아이만 남더라도 그 아이를 데리고 제자훈련을 할 각오를 했다.

아내도 나와 동역하면서 아이들을 학교로 찾아다니며 가르치는 일에 온 정성을 다 쏟았다. 대상이 청소년이면 야간 자율학습 시간에 학교로 가서 가르쳤고, 청년이면 대학 캠퍼스로 찾아가서 말씀을 가르쳤다. 설사 상대가 '뜨내기 장년'이라도 차 한 잔 마시러 가도 되겠냐고 허락을 얻어 새가족 교재를 전달하거나 함께 공부하는 시간을 마련했다.

또 한 번의 변신, 장년교회로

청소년은 청년이 되고, 청년은 장년이 된다. 제자훈련으로 성장한 청년들은 교회의 중심이 되었다. 교회에 장년이 별로 없다 보니 장년들이 훈련받고 성장할 때까지는 청년들이 예배와 찬양을 인도했다. 대표기도도 청년들이 했다. 점심식사도 청년들이 준비했다. 저녁예배가 끝나면 교회 청소도 청년들이 했다. 월요일부터 주일까지 청년들이 알아서 교회의 당직도 서 주었다. 관리집사 역할 또한 당연히 청년들이 했다. 목장예배 인도도 청년들이 했다. 말씀을 가지고 서로 나누는 것도 청년들이 주관했다.

청년들의 헌신과 섬김에 감동을 받은 장년들이 교회에 정착하기 시작했다. 처음 우리 교회에 온 장년들은 "세상에 이런 청년들이 다 있냐?"라며 놀라워했다. 청년들의 섬김과 헌신이 깊어지자 가랑비에 옷 젖듯이, 어느 순간부터인가 장년 성도들의 숫자가 늘어나기 시작했고, 청년들이 도맡아 하던 봉사의 영역도 점진적으로 장년들이 대치해 나가기 시작했다. 장년들은 청년들에게 미안해하면서 주방 봉사는 물론이고 자원해서 일거리를 요청했다. 사역의 방향이 점차 장년 중심으로 전환되기 시작했고 청년들도 이제는 어른들이 해주는 밥을 먹을 수 있게 되었다.

우리 교회는 또 한 번 변신을 하게 되었다. 정체성의 변화였다.

청소년 중심에서 청년 중심으로, 그리고 다시 장년 중심으로 서서히 커다란 사역의 축이 바뀌어 갔다. 그 변화의 과정을 지켜보며 만감이 교차하지 않을 수 없었다. 청소년 중심의 사역을 할 때 주위로부터 받았던 여러 가지 부정적 반응과 조소하던 시선들을 향해 하나님께서 친히 해명해 주시고 위로해 주시는 것을 느낄 수 있었다. 그때 내가 부러워했던 장년 목회가 이제 청소년 목회를 통해 자연스럽게 이루어지고 있다. 생각해 보면 하나님께 감사하지 않을 수 없다.

우리 교회는 다른 교회에서는 절대로 찾아볼 수 없는 특별히 다른 점이 있다. 교회 장년들이 청년들에게 미안해한다는 점이다. 우리 교회 장년들은 청년들이 피땀 흘려 건축한 교회 예배당에 와서 자신들은 누리기만 한다고 미안해한다. 아마 대한민국 어디에서도 장년들이 청년들에게 미안해하는 교회는 찾아볼 수 없을 것이다.

우리 교회는 '장년이 겸손한 교회'이다. '기득권층'이 없는 교회이다. '텃세'가 없는 교회이다. 그래서 정말 순수하고 건강한 교회이다. 대한민국뿐만 아니라 전 세계 어디에도 우리 교회 같은 곳은 없을 것이라고 확신한다. 그래서 나는 우리 교회 장년들에게 이렇게 당당하게 설교한다.

"이제는 장년이 교회 예배당을 지으십시오. 후대를 위한 교회를 여러분이 세우십시오."

그런데 하나님의 역사는 참으로 불가사의하고 놀랍다. 어느 순간 나의 이런 설교가 현실로 나타났다. 다시 예배당 건축이 시작된 것이다. 물론, 현실적인 이유도 있었다. 교회가 계속 성장하다 보니 주일예배 때면 교육공간이 부족해서 어린이, 청소년, 청년들이 이리 쫓겨나고 저리 쫓겨나는 상황이 자주 벌어지게 되었다. 그런 자녀들의 모습을 보는 장년들의 마음이 편할 리 없었다.

더욱이 비가 오거나 눈이라도 오면 아이들은 갈 곳이 없었다. 궁여지책으로 목양실을 청년실로 내어 주고, 옥상에 비닐하우스를 만들고 연탄난로를 피워 청소년실을 만들어 주었다. 장년들의 마음이 괴로워졌다. 추위에 떨며 말씀공부하는 자녀들을 보는 부모의 마음이 더 춥고, 더 힘들었던 것이다. 결국 선택할 수 있는 길은 건축이었다.

이전에도 그랬고 지금도 그렇지만, 우리 교회에는 부자가 없다. 시작부터 어렵게 시작했던 교회라 모든 것을 '개미군단의 정신'으로 해왔고, 두 번째 건축 역시 이 '개미군단의 정신'으로 시작했다. 우리는 저녁예배 때 '비전 저금통' 헌금을 한다. 자신이 모은 만큼만 헌금하는 것이다. 10원이 되었든, 100원이 되었든 액수는 중요하지 않다.

'비전 저금통'에 담긴 정신은 우리 교회가 처음 예배당을 지을 때 청소년들이 돼지 저금통에 건축헌금을 한 푼 두 푼 모았던 바로 그 정신이다. 우리는 여전히 하나님께서 사랑스럽게 보셨을 행동들을 변질시키지 않고 지켜 가고 있다. 하나님은 우리의 이런 작은 행동들을 결코 작게 보시지 않는다는 것을 알기 때문이다.

언제나 변화는 사람으로부터 시작된다. 아이들과 씨름을 하다 보니 교회 역사의 축이 바뀌어 갔다. 사역의 중심에 항상 청소년이 있었는데, 그 아이들과 2~3년을 씨름하다 보니 어느새 그들이 청년으로 바뀌어 있었다. 나도 모르는 사이 교회의 정체성이 변화되어 있었다. 함께 훈련을 받으며 성장한 청년들이 교회의 중심이 되면서 사역이 스스로 돌아가기 시작했다. 나는 청소년들에게 인정받는 청년들을 골라 '함께 사는 공동체'의 리더와 헌신자로 배치하여 함께 사역을 이끌어 나갔다.

제 5 부

개척에 담긴 목회철학

자신을 세우는 개척

'개척'이란 단어는 사람들이 생각하는 것보다 더 많은 의미를 가지고 있다. 사전을 찾아보면 '개척'이란 단어를 이렇게 설명한다.

"명사. 1. 거친 땅을 일구어 논이나 밭과 같이 쓸모 있는 땅으로 만듦. 2. 새로운 영역, 운명, 진로 따위를 처음으로 열어 나감."

그러나 교회에서는 이 단어가 단순히 '새로운 교회를 세운다'라는 의미로 사용된다. 하지만 좀 더 생각해 보면 그 안에는 다양한 의미가 내포될 수 있다. 나 자신을 새롭게 일궈 세우는 것도 '개척'이 될 수 있고, 가정을 건강하게 다시 세우는 것도 '개척'이 될 수 있다. 나는 이 '개척'이란 단어를 사랑한다. 정말로 나는 '개척에 콩깍지가 씐 사람'이다.

교회를 개척할 때 마음속으로 세운 목표가 있다. 개척을 통해 나 자신이 '예수님께 가장 사랑받는 제자'가 되겠다는 것이었다. 내가 너무도 부족한 사람이라는 것을 나는 잘 알고 있다. 그래서 하나님의 임재가 없으면 아무것도 안 되는, 절대적으로 하나님의 임재가 필요한 사람이라는 것을 늘 인정하며 살았다.

그래서 나의 첫 번째 목표는 '참된 예배자'가 되는 것이었다. 나 자신이 참된 예배자가 될 때 내가 목양하는 성도들도 참된 예배자가 될 수 있다고 믿었다. 그래서 목회자는 성도들보다 더 열정적으로 예배 드려야 한다고 생각했다. 설교할 때뿐만 아니라 강단 밑에 있을 때에도 성도들에게 은혜를 끼치는 참된 예배자가 되어야 한다고 생각했다. 그래서 예배를 드릴 때는 청년들과 동일하게 손을 들고 찬양했고 그들과 함께 춤추고 뛰며 찬양했다. 강단 위에서 설교만 한다고 목회자가 되지는 않는다. 성도들은 강단 위에 있는 목회자보다 강단 밑에 있는 목회자의 모습을 더 많이 바라보았다.

두 번째는 '십자가의 은혜 속에 젖어 사는 목회자'가 되는 것이었다. 목회자가 예수님의 피 묻은 십자가의 은혜를 이야기하면서 눈물을 흘리지 않는다면 그것은 위험한 상황이라고 늘 생각했다. 감사하게도 내 마음속에는 진실로 하나님과 동행하지 않으면 정말 안 된다는 절박함이 늘 있었다. 열아홉 살 때 처음 하나님을 인격적으로 만난 이후 지금까지 항상 그랬다. 참으로 하나님의 은혜이다.

세 번째는 '성령님과 동행하는 목회자'가 되고 싶었다. 그래서 무릎을 꿇고 기도할 때만이 아니라 평상시에도 길을 걷거나 차를 타고 가거나 밥을 먹을 때에도 마음속으로 마치 사람과 대화하듯 하나님과 계속 이야기를 하며 살았다. 크고 작은 모든 일들을 이야기하며 살았다. 입은 다물고 있지만 마음으로는 끝없이 입을 벌려 하나님과 대화하며 살았다. 하나님과 대화를 멈추면 어느새 마음이 다른 생각으로 빠져들기 때문에 수시로 하나님을 불렀다. 내 생각이 나를 지배하지 못하도록 먼저 하나님을 부르고 그분께 생각을 아뢰어 드리는 '대화기도'를 하며 살았다.

'주님이 도와주시지 않으면 저는 아무것도 아닙니다. 하나님이 임재해 주셔야 됩니다. 하나님이 도우셔야 됩니다. 제가 하는 것이 아닙니다.'

이런 이야기를 기도할 때처럼 동일하게 쉬지 않고 했다. 그러면 그때마다 하나님은 내 마음속에 담대함을 주시고 힘을 주셨다. 직장에 출근하는 아내를 보며 "여보, 가서 돈 많이 벌어 와!" 하고 웃으며 보낼 수 있었던 힘도 거기서 나왔다. 아무리 하나님의 일이지만 아내가 벌어오는 돈으로 먹고살고 목회하는 것은 결코 쉬운 일이 아니었다. 아내가 출근한 뒤 축축하고 어두운 지하에서 오전 시간을 오직 하나님께 바치며 혼자 기도할 수 있었던 힘도 그 훈련에서 나왔다.

한때 나는 내가 다른 사람들보다 더 믿음이 좋다고 생각했다. 그런데 개척교회를 하면서 내가 얼마나 믿음이 없는 사람인지를 너무도 적나라하게 발견했다. 내 속에 믿음은 없고 오직 '나'로 가득 차 있음을 알게 되었다. 내가, 바로 내가 목회를 하고 있기 때문에 하나님의 목회를 어렵게 만들고 있음을 깨달았다. 내가 모든 문제를 끌어안고 내 힘으로 아등바등하다 보니 나는 항상 지쳐 있었고 오랜 시간 두통으로 고생을 했다. 내가 붙들고 있는 것들이 참으로 많았다. 문제는 언제나 나에게 있었다.

이런 사실을 깨달은 후 나는 믿음의 선포를 하며 나를 바꾸기 시작했다. 하나님과 나 자신에게 이런 구호를 외치며 다녔다.

"이 목회를 하나님께 드립니다. 하나님이 주인이십니다."

"하나님의 목회입니다. 나는 종입니다."

"예수 구원, 예수 능력, 예수 부활, 예수 은혜!"

아이들과 함께 뛰던 양궁장을 혼자서 뛸 때면 외로운 자신에게 외치며 뛰었고, 아이들과 함께 오르던 양궁장 뒷산을 오르내릴 때면 하늘을 향해 하나님께 외치며 다녔다. 이런 고백의 말들을 입에 달고 살았더니 하나님께서 믿음을 주셨다. 목회가 하나님의 뜻을 이루는 것임을 경험하기 시작했다. 그럴 때마다 남아 있는 청소년 한 사람, 한 사람이 하나님의 소망이요, 교회의 소망이 되었고 나의 소망이 되기 시작했다.

건물 없는 개척이다 보니 내가 준비한 것은 헌금 바구니와 봉헌함 딱 두 가지였다. 참으로 '환상적(?)인' 개척이었다. 그랬기 때문에 하나님은 내가 더 혹독한 과정을 거치도록 만드셨는지도 모를 일이다.

나는 이전까지 "개척이 목회다. 목회는 개척이다"라는 등식을 가지고 있었다. 성경에 나오는 위대한 인물들은 모두 개척의 모델들이었다. 성경의 여호수아서를 보면 여기저기에서 하나님은 이렇게 말씀하셨다.

“스스로 개척하라”(17:15).

나는 이 말씀을 통해 “개척이 목회다. 목회는 개척이다”라는 생각을 더욱 확고히했다. 믿음의 조상인 아브라함도 개척자였다. 하나님은 아브라함에게 ‘있는 곳을 바꾸어 부흥시키라’고 하지 않고 갈대아 우르를 ‘떠나라’고 명령하셨다. 새로운 곳으로 가서 개척할 것을 요구하셨다.

그래서 나는 믿음의 모델로 주신 아브라함을 통해 개척의 방법을 찾았다. 창세기 12장 1절을 통해 개척의 명령과 어떻게 개척을 할 것인지 방법을 찾았다. 이 말씀을 자세히 살펴보면서 개척에 대한 해답을 얻을 수 있었다.

“여호와께서 아브람에게 이르시되 너는 너의 고향과 친척과 아버지의 집을 떠나 내가 네게 보여줄 땅으로 가라.”

이 말씀을 보면 하나님은 아브라함에게 “고향을 떠나라”, “지역을 떠나라”, “지연에서 떠나라”고 말씀하셨다. 먼저 떠나는 것이 개척의 시작임을 알려 주셨다. “친척을 떠나라”는 말씀은 혈연을 떠나야 한다는 말씀으로 받았다. “아버지의 집을 떠나라”는 말씀은 육신의 아버지와 연결되어 있던 사고방식들이 하나님 안에서 분명히 독립해야 한다는 말씀으로 받았다.

그리고 “내가 네게 보여줄 땅으로 가라”는 말씀을 통해 나는 앞으로 내가 해나가야 할 것이 무엇인지 찾을 수 있었다. 내가 가야 할 개척의 길은 어떤 다른 교회를 모방하는 것이 아니라 하나님이 보여줄 땅을 찾아가듯 내가 스스로 찾아가야 하는 것임을 알았다. 그러나 하나님이 보여줄 땅을 알기 위해서는 매일 하나님과 깊은 교제를 지속하지 않으면 안 되었다. 만약 하나님이 내게 어떤 땅을 미리 보여주었다면 나는 사람들에게 매일 물었을 것이다.

"이 땅에 가려면 어디로 가야 합니까? 이 땅에 가려면 몇 시간이 걸립니까? 이 땅에 가려면 무엇을 타고 가야 합니까?"

그러나 이 땅은 사람들에게 물어서 갈 수 있는 땅이 아니었다. 이 땅은 하나님이 매일매일 보여주시는 대로 가야만 갈 수 있는 땅이었다. 그렇다 보니 사람을 의지할 수가 없었다. 더구나 청소년들만으로 목회를 하다 보니 물어볼 사람도, 의지할 사람도 없었다. 오직 하나님께 여쭤볼 수밖에 없었다. 하나님은 그렇게 전적으로 하나님만 의지할 수밖에 없는 길을 걷도록 하셨다.

'백치 사모', 가정을 개척하다

어느 날 아내가 진지한 표정으로 이야기를 나누자고 했다. 비장한 표정을 짓고 있던 아내는 망설이다 입을 열었다. 다니던 직장을 그만두겠다는 것이었다.

"그동안은 내가 직장생활을 해서 당신을 벌어먹였으니 이제는 당신이 벌어다 주는 것으로 살고 싶어요."

늘 헌신적이고 희생적인 아내였다. 네 아이의 엄마로, 목회자의 사모로, 학교 교사로 1인 4역, 5역을 감당해 내던 아내였다. 자신의 어깨에 내려진 그 큰 삶의 멍에를 불평 한마디 없이 묵묵히 감내해 온 아내였다.

너무나 고생을 많이 한 아내였기에 나는 아무 말도 할 수 없었다. 더구나 사모인 아내가 그런 일을 기도해 보지 않고 결정했을 리가 만무했다. 나름대로 응답을 얻고 내린 결정이었을 것이기에 다른 할 말이 없었다. 그러라고 했다.

그러나 앞일이 걱정되지 않을 수 없었다. 지금까지 무보수로 청소년 목회를 해왔는데, 이 무슨 청천벽력 같은 소리인가! 눈앞이 캄캄했다. 아내에게 말은 하지 않았지만 암담한 심정이었다. 하지만 어쩌겠는가! 돌이킬 수 없는 결단이었다. 충격과 동시에 나도 비장한 각오가 되었다. '오직 믿음'으로 갈 수밖에 없는 길이 앞에 놓였다. 차라리 홀가분했다. 목회를 다시 결단하는 독한 기회로 삼았다.

아내는 정말 믿음이 좋은 사람이었다. 그렇게 말하고는 정말로 학교를 그만두었다. 그런데 막상 학교를 그만두고 나니 아내도 막막했던 것 같았다. 앞으로 벌고 뒤로는 빚을 지는 생활을 했을지언

정 안 버는 것보다는 버는 것이 그나마 나았던 모양이다. 생활이 많이 힘들어지자 아내도 갈등하면서 복직하고 싶은 유혹을 많이 받는 듯했다. 그렇지만 아내는 돌이키지 않았다.

"그동안은 남의 자식들 가르치느라 바빴는데, 이제는 내 자식들을 가르쳐야겠어요."

그때부터 아내는 우리 아이들에게 믿음을 심어 주기 위해 '가정을 세우는 개척'을 시작했다. '붙박이 성도' 네 명을 위해 매주 학교로 심방을 했다. 월요일은 큰아들, 화요일은 둘째 딸, 수요일은 셋째 아들, 목요일은 막내아들….

배고픈 하교 시간을 기다려 1,000원짜리 김밥 두 줄을 사서 먹이고는 공원이나 운동장에서 아이와 마주 앉아 지금의 새가족 교재를 들고 자식 교육을 시작했다. 지금에 와서 뒤돌아보면 감사한 일뿐이다. 아내가 그렇게 자식을 교육한 것이 자연스럽게 교회교육 시스템으로 전환되었고, 그런 교육의 경험들이 누적되니까 능력이 나타나고 열매가 열리기 시작했다. 다음은 '가정 개척'에 대한 사모의 간증이다.

'어미'가 된 '백치 사모'

나는 준비된 사모가 아니라 만들어진 사모이다. 모태신앙이었으나 혼자 예수님을 믿던 어머니 밑에서 자라다 보니 신앙적인 것을 별로 보지 못하면서 자랐다. 나는 사모가 무엇을 하는 사람인지조차 모르는 무지한 사람이었다. 만약 결혼을 하게 된다면 평생 공부할 사람을 만나 같이 공부하며 살면 좋겠다는, 막연하고 환상적인 꿈을 가지고 있었을 뿐이었다. 결혼 후 남편이 정말로 공부를 한다고 했을 때, 남편이 신학을 하면 내가 사모가 된다는 것조차 까마득히 몰랐던 백치였다. 남편이 공부를 한다는 것만으로 그저 좋아서 아무 것도 모른 채 사모의 길에 들어서게 된 것이다. 하지만 준비되고 아는 것이 많았다면 과연 이 길을 갈 수 있었을까!

준비된 것이 아무것도 없어서였는지, 결혼 시작부터 험난한 세월이 나를 기다리고 있었다. 연년생으로 아이 넷을 출산하고 양육하랴, 공부하는 남편 뒷바라지하랴, 직장생활하랴 정신을 차릴 수가 없었다. 더구나 이런 상황에서 남편이 개척을 하게 되었는데, 어른 하나 없는 '청소년 목회'를 하게 되었다. 개척과 동시에 복지관과 결연되어 있는 결손가정의 청소년들 40여 명의 캠프를 인도하는 일을 부탁받게 되었다. 이것을 계기로 남편의 목회 아닌 목회가 시작되었다.

복지관 지하에 4평 남짓한 창고방을 허락받아 지하 귀퉁이에서 '건물 없는 교회'가 시작되었다. 건물도 없고 어른 한 명도 없는 교회이다 보니 교회를 교회로 보는 사람이 없었다. 성도라고는 우리 집 자식 네 명과 캠프를 다녀온 열악한 환경의 청소년들 몇 명이 전부였다. 캠프 이후 출석하지 않는 아이들을 심방하며 사역이 시작되었고, 그때부터 나에게는 '인격의 전쟁'과 하나님 앞에 엎드리지 않고는 살 수 없는 '믿음의 전쟁'이 시작되었다.

청소년들이 늘어난 것 외에는 달라진 것이라고는 없는 개척 4년쯤, 직장을 그만두어야겠다는 마음이 들었다. 인간적인 생각으로는 도저히 직장을 그만둘 수 있는 상황이 아니었다. 그런데도 하나님은 결단할 수 있게 하셨다. '밥줄'이었던 17년간의 교직생활을 버리고 남편의 목회현장으로 들어오게 되었다. 직장을 다닐 때는 '목회는 남편이 하는 것이지' 하며 나는 그저 힘닿는 대로 도우면 된다는 막연한 생각으로 동역했다. 그리고 마음 한구석으로 '나도 직장생활하느라 힘들고, 자식 네 놈 키우느라 힘들어 죽겠다'라고 소리치며 살았다.

직장을 그만두고 목회현장으로 들어와 보니 이 길은 끝이 보이지 않는 길이었다. 직장생활은 퇴근이 있었지만 목회의 길은 새벽부터 시작해도 끝이 없고 퇴근도 따로 없었다. 본당은 지하였고 1층에서는 교육관 겸 방 세 칸짜리 주택에서 공동체를 이루며 살았다. 우리 아이 넷을 포함해서 18-22명이 함께 살았다. '청소년 목회'이다 보니 내 자식만 품고 따로 분리된 생활을 할 수가 없었다. 가족끼리의 사생활이라고는 없는 목회였다.

목회에 뛰어든 이상 무언가 힘을 보태야 한다는 부담과 함께 자식 넷과 먹고살기 위해서라도 목숨 걸고 목회에 미쳐야 한다는 생각을 하게 되었다. 그때 '제자훈련 지도자 세미나'를 만나게 되었다. 그 세미나를 통해 나는 '목회는 이 길밖에 없구나'라고 절실하게 깨닫게 되었고 '한 영혼' 철학에 눈을 뜨게 되었다.

직장을 그만두니 자식이 보이기 시작했다. 여러 아이들과 뒤섞여 밥만 먹이면 저절로 크는 줄 알았는데 그게 아니었다. 오랜 시간을 방목하다시피 내버려 두다 보니 되어 있는 게 아무것도 없었다. 그래서 내 자식을 성도 삼아 '새가족 교육'을 시작했다. 이것이 '한 영혼을 세우는 사역'의 시작이 되었다. 국제제자훈련원의 새가족모임 교재인 『유일한 구원자 예수 그리스도』를 가지고 먼저 자식들의 학교로 찾아갔다. 매주 요일을 정해 놓고 네 명의 아이를 순서대로 만났다. 월요일은 큰아이, 화요일은 둘째아이, 수요일은 셋째, 목요일은 넷째….

수업이 가장 많은 날을 택해 하굣길의 '자식 맞이'를 가는 것이다. 큰아이가 중학교 2학년, 둘째아이가 중학교 1학년, 셋째아이가 초등학교 6학년, 막내가 초등학교 4학년 때였다. 어려운 개척교회 사모이자 엄마이다 보니 선물은 '1,000원짜리 김밥 두 줄'이 전부였다. 차 안으로 자식을 맞이해서 먼저 허기진 배를 채워 주고 힘들었던 학교생활 이야기를 들어주었다. 그렇게 한 후 교재를 펼쳐 놓고 얼굴을 마주 보고 앉았다. 차 안에서, 잔디밭에서, 공원에서….

그런데 자식과 눈을 맞추며 대화하는 것이 이렇게 어색하고 쑥스러울 줄이야! 이게 말이 되는가? 남을 위해서는 이리 뛰고 저리 뛰며 살았고 남의 자식을 위해서는 몇 시간이고 대화를 했지만 정작 내 자식을 위해서는 이런 시간을 내지 못하고 살았던 것이다. 여러 아이들 틈에 끼어 같이 예배를 드리고 있는 자식들을 바라보며 그것으로 자식을 잘 키우고 있다고 착각하며 살아온 것이다. 어떻게 부모 자식이 이런 사이가 되었는가.

"하나님, 내 자식을 살려 주시옵소서. 자식을 어떻게 키워야 하는지 모르겠습니다. 낳아 놓기만 했지 어떻게 키워야 하는지 모르겠습니다. 직장에서 남의 자식은 잘 가르쳤는지 모르나, 제 자식은 가르치지 못했습니다. 저를 용서해 주시옵소서. 저를 용서해 주시옵소서…."

뼈아픈 기도를 하며 하나님 앞에서 '어미'로 다시 태어났다. 마치 문제집 풀듯이 교재의 문제를 읽게 하고 '직장을 그만둔 이후 엄마의 삶'을 들려주며 사죄 받는 자세로 자식들을 만났다. 이렇게 5주 과정이 끝나면 이어서 7주 동안 '예배교육'을 했다. 예배의 목적,

찬양, 기도, 설교, 세례 및 성찬, 예배 자세를 가르쳤다. 한 명당 13주 동안을 돌아가며 가르치다 보니 모자간 관계가 회복되기 시작했고, 더불어 엄마의 신앙도 다시 세워져 갔다. 자식 교육에 눈을 떠 가며 남편이 인도하는 '청소년 제자훈련' 속에 들어가 말씀을 배우고 또 배웠다. 자식을 가르치기 위해서였다. 큰아들이 청년이 되었을 때 나는 훈련생인 동시에 가르치는 자가 되어 '청년 제자양육'을 시작했다. 한솥밥을 먹으며 키운 1세대 청년 네 명을 6개월 동안 소그룹으로 묶어 교육했다. 결코 쉽지 않았다. 불평도 많았고 반항도 했다. 교육이 끝나면 밤이 깊도록 본당에 남아 자식과 뒤풀이하듯 싸웠다. 긁혀 상처 난 마음을 안고 하나님께 엎드릴 수밖에 없었다.

"하나님, 제가 자식을 잘못 키웠습니다. 자식의 상처를 말씀으로 만져 주소서. 이제 제 자식을 가르치지 못하면 남의 자식도 가르치지 않겠습니다."

하나님 앞에서 눈물로 살았다. 그러면 좋으신 하나님은 '자식에게 잘못했다고 말해라. 미안하다고 말해라' 하는 깨달음을 주셨다. 하나님은 또 다음 교육을 할 때 제자훈련의 비결인 '좋은 질문'을 잘할 수 있도록 지혜도 주셨다. 내 자식을 먼저 말씀으로 교육하여 세우는 씨름을 하고 나니 자식들이 최고의 동역자가 되어 갔다.

그후 하나님께서 담대함을 주셨다. 두렵고 떨리는 마음으로 말씀 가르치는 사역을 할 수 있는 용기를 주셨다. 새가족이 오면 새가족 교재를 가지고 심방을 갔다. 차 한 잔 하러 간다고 하고 심방을 가서 대화를 나누다가 교재를 펴고 "말씀 한 절을 보자"라고 권하며 문제를 읽게 했다. 말씀으로 대화를 주고받으며 새가족 교재로 교육 겸 목장예배를 드린 셈이다. 까다로운 성도의 집에 갔다올 때는 "사모님, 그만 오셔도 돼요"라는 말을 들을까봐 조마조마한 마음으로 그 집을 나오곤 했다. 그 집 문고리를 잡고 들고나며 가슴 떨리는 기도를 했다.

"아버지, 다음 주에도 올 수 있도록 저분의 마음을 지켜 주소서."

의심과 부정적인 생각으로 가득 찼던 성도였기에 매번 심방을 갈 때마다 살얼음 위를 걸어야 했다. 이렇게 마음 졸이며 말씀을 가르친 성도가 지금은 순장이 되어 있다. 할렐루야!

한두 과를 배우다 떠나가는 성도가 대부분이었지만 아랑곳하지 않은 채 '한 영혼' 철학을 붙잡고 미친 듯이 말씀을 가르쳤다. 청소년이 오면 야간 자율학습 시간에 학교를 방문하여 가르치고, 대학생이 오면 대학 캠퍼스 잔디밭에 가서 가르쳤다. 떠나가는 성도에 미련을 두지 않고 다시 또다시 끊임없이 말씀을 가르쳤다. 또한 성도의 자녀들도 집 앞으로 찾아가서 차 안에서 '말씀 과외'를 시켜 주었다. 교육이 끝나면 1,000원짜리 초콜릿 하나를 선물로 주었다.

비판적이고 부정적이던 성도가 말씀으로 변화되어 가는 것을 보는 것은 말할 수 없는 기쁨이다. 그러나 나보다 학벌도 나아 보이고, 나보다 경제력도 나아 보이고, 나보다 강해 보이고 잘나 보이는 성도를 믿음으로 뛰어넘으며 말씀을 가르치는 일은 실로 부담스러운 일이었다. 그때마다 하나님 앞에 엎드렸다.

"하나님, 제가 저들의 어미가 되게 하소서. 어미가 되게 하소서…."

어렵고 불편한 성도가 있으면 기도했다. 그 성도가 '자식으로 보일 때까지' 기도했다.

"하나님, 제가 다른 것은 잘하지 못해도 어머니는 할 수 있어요. 자식 넷 덕분에 다른 것은 못해도 어머니는 할 수 있어요. 그러니 저들의 어미가 되게 하소서."

그때마다 하나님은 담대함을 주셨다.

'새가족 교육'이나 '예배교육'은 부담이 적지만 '제자양육'은 2-3시간 동안 말씀을 나누면서 6개월 동안이나 진행되기 때문에 상당히 부담이 되는 교육이다. 엉뚱한 질문을 하면 어쩌나, 공격적으로 말하면 어떻게 해야 하나 등 걱정스런 일이 한둘이 아니다. 그러다 보니 이 사역은 지금도 여전히 두렵고 떨린다. 특히 장년 남성 소그룹을 인도하게 될 때는 식은땀이 흐른다. 지식을 넣어 주는 시간이 아니라 말씀을 통해 그들의 삶이 바뀔 수 있도록 해야 하기 때문이다.

현재 우리 교회가 아직 작은 교회이기는 하지만 성도들의 지적 수준은 높은 편이다. 의사, 약사, 교수, 교사, 기자, 공군 파일럿 등…. 이런 성도들과 제자양육을 하려면 나도 모르게 두렵다. 그래서 하나님께 엎드릴 수밖에 없다.

"하나님, 제가 신학 공부도 하지 않았는데요, 제가 말씀도 잘 모르는데요, 저 사람들은 저보다 더 똑똑한 사람들인데요…."

그렇게 주눅이 들어 기도할 때가 많다. 그러면 그때마다 하나님께서 내 마음에 말씀하신다.

"머리로 가르치지 말아라. 지식으로 가르치지 말아라. 네가 깨달은 만큼, 네가 삶으로 산 만큼, 네 자식에게 하듯 하면 된다."

그 말씀에 힘을 얻어 계속해 나갈 수 있었다.

그후, 나는 성도들을 세상 신분으로 만나지 않을 수 있었다. 아무개 엄마, 아무개 아버지로 부르며 '모성 리더십'으로 만났다. 자식 넷을 기도하며 눈물로 키운 '모성 리더십'을 쓰시는 하나님께 감사드린다. 그저 '어미의 마음'으로 사역할 뿐이다. 양육생들의 이름을 가슴에 품고 자식처럼 기도한다.

"하나님, 이 자식들을 살려 주시옵소서. 이 자식들을 살려 주시옵소서!"

1년 전, 생각지 않은 일로 교회를 떠난 성도가 있었다. 그대로 보내면 안 될 것 같아서 1년을 기다렸다. 시간이 길어지면서 내 인내력이 한계에 부딪혔다.

"하나님, 저는 모릅니다. 저는 할 만큼 했습니다. 할 만큼 했다고요!"

그때 하나님께서 내 안에서 말씀하셨다.

"너는 지금 그를 '시어머니의 눈'으로 보고 있구나. 네가 '친정 어미'라면 그렇게 하겠느냐?"

하나님은 나를 그냥 두지 않으셨다. 내 기준으로 저들의 어미가 되었는가 하면 '아직도 멀었다. 아직도 멀었다…' 하시며 나를 키워 가셨다. 하나님은 끝없이 나를 빚으셨다. 오랜 시간이 흐른 후 그를 다시 만날 수 있었다.

"사모님, 잘못했습니다."

그 집사는 내 품에 안겨 울었다. 그후 나는 '진정한 어미'가 되었다. 그 집사는 현재 진행되는 열 명의 여자 소그룹 속에 다시 들어와 수료한 과정을 반복해서 배우는 겸손한 제자가 되었다. 이제는 내 마음속에 '미운 성도'가 아무도 없다. 말씀을 통해, 기도를 통해, 하나님이 나의 눈을 바꾸어 주셨기 때문이다.

"하나님, 감사합니다!"

그렇게 내가 만난 많은 성도들 가운데 영원히 가슴에 묻은 '자식'이 있다. 중학교 1학년 때 만나 청년이 될 때까지 키운 '영의 자식'을 2010년 가을, 하늘나라로 보냈다. 새가족 교육, 예배교육, 제자양육, 대화훈련 등 일거수일투족을 말씀으로 교육하여 키운 자식이었다.

　그런데 제자훈련을 받다가 인격훈련이 잘되지 않아 중도하차를 하게 되었다. 제자훈련은 ‘머리 훈련’이 아니기 때문에 말씀 앞에서 ‘인격 씨름’을 하지 않을 수가 없었고 사역을 하는 녀석이라서 그냥 넘길 수가 없었다. 한동안 진통을 하더니 결국 교회를 떠나 버리고 말았다.

　그 진통을 거치는 과정 중에 세상에 나가 아르바이트를 하다가 불의의 화재로 목숨을 잃었다. 제자훈련 중인 자식이 어느 날 싸늘한 시신이 되어 돌아왔다. 그렇게 보낸 것이 그 아이를 보는 마지막 길이 될 줄이야….

　나는 장례식장에서 목 놓아 울었다. “하나님, 잘못했습니다, 하나님, 잘못했습니다. 더 품고 기다렸어야 했는데 그러지 못했습니다. 하나님, 잘못했습니다. 하나님, 잘못했습니다.” 절규하며 자식을 가슴에 묻었다.

　자식을 하나님께 보내고 돌아와 다시 하나님 앞에 엎드렸다. 새벽예배 참석자 명단을 보며 기도하고 있는데 하나님께서 말씀하셨다.

　“이들이 다 네 자녀이니라.”

　“하나님, 육신의 자식 넷도 감당 못해서 쩔쩔매며 키운 저인데, 무엇을 보시고 저에게 이 많은 자녀들을 허락하시나요?”

　나는 눈물로 하나님께 질문했다.

　나의 질문에 하나님은 지난 세월을 뒤돌아보게 하셨다. 연년생으로 셋째를 임신한 것을 확인하던 날, 나는 죽고 싶었다. 임신인 줄 모르고 이 약 저 약 먹은 것도 무서웠고, 산아제한이 강조되던 당시, 줄줄이 애만 낳는 미련한 여자로 나를 바라보는 시선이 싫었고, 고상하게 잘 입고 잘 사는 직장동료들 속에서 초라한 차림으로 해마다 배불뚝이로 사는 내가 싫었다.

다시 넷째를 임신했을 때, 어찌된 일인지 나는 살고 싶었다. 그것도 강렬하게 살고 싶었다. 기적이 일어났다. 남의 눈도, 초라한 임신복도 문제가 되지 않았다. 배불뚝이여도 괜찮았다.

'하나님은 나의 무엇을 보시고 넷째를 허락하신 것일까? 셋도 감당을 못하는 나에게 어찌 넷을. 이 모자란 나를 어미 될 자로 보시다니….'

그것이 감사해서 입덧도 아랑곳하지 않은 채 만삭이 되도록 자전거를 타고 새벽예배를 다니던 기억을 떠오르게 하셨다.

"배불러 낳은 자식도 속을 썩이지 않더냐? 네가 이제야 어미가 되었구나."

'사랑은 죽음같이 강한 것(아 8:6)을….'

"하나님 아버지, 못나고 모자란 저를 어미 되게 하시고, 아버지의 마음을 알게 하시니 감사합니다. 저를 더 속 깊은 어미가 되게 하소서. 앞서 간 자식을 위해서라도 영혼 세우는 일을 더 잘하겠습니다. 아버지, 저의 연약함을 도와주소서!"

나는 오늘도 '한 영혼'을 세우기 위해 그분 앞에 또다시 엎드린다.

-김선희 사모

최상의 교육으로 일구는 자녀 개척

사람들의 생각과 달리 목회자의 자녀들은 늘 소외된 채 성장한다. 많은 사랑을 받으며 자랄 것 같지만 실제는 그렇지 못하다. 그래서 상처가 많고 탈선도 하는 것이다. 우리도 마찬가지였다. 개척 초창기, 우리 부부도 항상 '남 중심'이었다. 아이든 어른이든 늘 성도가 먼저이다 보니 정작 우리 아이들은 뒷전으로 밀려나게 되었고, 게다가 야단도 많이 쳤다. 일꾼이라고는 자식밖에 없다 보니 사랑만 받아도 부족할 어린 자식들에게 책망만 늘어놓았다.

"더 잘할 수 없었니? 더 잘 섬길 수는 없었던 거냐? 왜 그것밖에 못 했냐?"

한마디 한마디가 아이들의 가슴에 상처를 주는 말이 되었다. 잘한 것이 있어도 항상 상은 성도들에게 돌아가고, 자신은 능력이 있어도 능력대로 대우를 받지 못하다 보니 결국에는 하나님마저 공평하지 않으신 분으로 생각하는 것 같았다. 시간이 지나면서 자녀들에게 이렇게 하는 것이 옳지 않다는 자각이 왔다. 몸 부서지는 줄 모르고 섬겨도 저 싫으면 떠나는 청소년, 청년들인데 '언제까지 저들 중심으로 목회를 해야 하나' 하는 생각으로 마음이 괴로웠다. 어느 날 아내가 말했다.

"자식을 제자로 삼아요. 한 사람당 1,000명이니 자식 넷을 제자 삼으면 4,000명이에요."

"그 작은 자가 천 명을 이루겠고 그 약한 자가 강국을 이룰 것이라 때가 되면 나 여호와가 속히 이루리라"(사 60:22) 하신 말씀에 아내의 눈이 자식을 향해 열리기 시작한 것이다. 제자훈련의 '한 영혼' 철학으로 자식을 바라보게 된 것이다.

제자훈련은 최고의 자녀교육 방법이었다. 제자훈련이 있어 세상 방법에 귀 기울이지 않고, 옆집 엄마 말에 귀 기울이지 않고, 자식을 '오직 믿음'으로 키울 수 있었다. 제자훈련으로 아이들이 성장하자 나는 어느 시점인가부터 우리 아이들에게 주일학교 아동부의 각반 리더를 맡겼다. 네 명의 자녀들을 교회학교 리더로 세워서 아이들을 섬기며 함께 목회를 하도록 했다. 청소년부에 올라가서도 우리 아이들은 조장을 맡거나 교사를 했다. 자녀들이 강력한 목회의 조력자 역할을 하기 시작했다.

가령, 교회 내에 불평이 있는 아이들이 있을 때 우리 자녀들을 불러 그 아이들이 왜 불평을 하는지, 무엇이 문제인지를 물었다. 그러면 아이들은 자신들의 의견을 내놓았다. 자녀들과 목회적인 대화를 나누는 것이다. 그런 대화를 통해 내가 수용할 수 있는 것은 수용했고 아이들에게 문제가 있는 것이면 이해를 구했다. 그러면 아이들은 스스로 자신의 잘못을 바꾸어 갔다.

우리 아이들이 고등학생이 되었을 때, 오히려 청소년들 편에 서서 아버지에게 항의하고 요구사항을 제시하기도 할 정도까지 성숙해졌다. 때로는 아버지가 청소년들의 마음을 잘 모른다고 질책성 발언까지 서슴지 않았다. 몰라보게 성장한 것이다. 이렇게 자녀를 먼저 가르쳐 제자로 삼으니 자녀들이 목회의 동역자가 되었다. 자신의 상처에만 매몰되어 외톨이가 되기보다는 오히려 다른 사람의 상처를 싸매 주는 성숙한 자녀로 성장하기 시작했다.

요즘은 주일 사역을 마치고 퇴근을 하면 온 가족이 식탁에 둘러앉아 사역 평가와 토론의 장을 펼친다. 날이 새는 줄도 모르고 자식들과 서로 비전을 나눈다. 자녀를 뒷전으로 밀치지 않고 교회와 가정을 같이 개척한 결과로 누리는 축복이다.

'개척교회 세미나'에 강사로 서게 되었을 때 큰아들에게 아들이 바라본 아빠에 대해 글 한 편을 써 달라고 부탁한 적이 있었다.

"아들아, 아빠가 개척교회 세미나에서 강사로 강의하게 되는 날이 다 왔구나. 아빠 목회에 대해 아들로서 느꼈던 마음을 좀 써 주거라."

그때 큰아들이 써 준 편지를 옮겨 본다.

아버지,

언젠가 혼자 예배당에 올라가 조용히 이곳저곳을 둘러보았습니다. 강대상, 피아노, 예배 좌석, 방송실. 그것들을 바라보는데, 알 수 없는 애틋한 마음에 눈시울이 붉어졌습니다.

아버지,

우리가 용암 복지관에서 개척을 했잖아요. 그때 아버지께서 저희 4남매를 보시며 하신 말씀 기억하시나요?

"얘들아, 우리가 여기에 교회를 세울 거다. 우리 함께 잘해 보자."

아버지는 이렇게 말씀하시고 하나님께 감사의 기도를 올려 드리셨지요. 그때 전 초등학교 3학년의 어린아이였지만 아버지의 모습을 보며 교회를 향한 뜨거운 애정을 갖게 되었습니다.

지금 이 이야기를 하려니 너무 죄송스럽고 부끄러운 마음에 저의 모습을 다시 돌아보게 됩니다. 사실 제가 중학교를 다닐 때, 그러니까 교회가 지하에 있었을 때, 저는 우리 교회가 너무 창피했습니다. 한번은 친구를 전도해서 데려왔는데, 다음날 그 친구가 학교에 와서 다른 아이들한테 이렇게 말하는 것이었습니다.

"얘들아, 이레네 교회는 지하기지야. 전쟁 나면 거기에 숨으면 돼."

그 친구는 그러면서 다른 아이들에게 우리 교회를 화제로 삼으며 떠들었습니다. 서러움에 공연히 눈물이 났고 아이들의 놀림감이 되는 교회가 싫었습니다.

그러나 지금은 지하교회로 다시 돌아간다고 하더라도 전혀 부끄럽지 않습니다. 그때처럼 어쩔 줄 몰라 괴로워하며 절망하는 모습이 아닌, 이 곳을 제가 어떻게 변화시킬까, 어떻게 새롭게 세워 갈 수 있을까 하는 행복한 고민으로 받아들일 수 있게 되었습니다. 그 이유는 제가 아버지를 통해 '개척한다'는 것이 무엇인지를 알게 되었기 때문입니다.

아버지,

그동안 저는 물이 빨리 끓는 작은 냄비만 원하는 작은 사람이었습니다. 그랬던 제가 아버지를 보면서 '큰 냄비는 이런 것이구나…' 하고 생각합니다. 그릇이 크면 그 안에 담긴 물이 끓기까지 긴 시간이 필요하고, 아무런 성과도 없는 것 같은 괴로운 시간을 보내야 하는 것을 알게 되었습니다. 하지만, 일단 물이 끓기 시작하면 나뿐만이 아니라 다른 많은 사람들에게도 은혜를 베풀어 줄 수 있는 능력을 갖추게 된다는 것을 알게 되었습니다. 지금의 상황이 어떻든 하나님만 바라보며 물이 끓을 때를 준비하고 기도하는 굳건함이 필요하다는 것을 아버지를 통해 보았습니다.

아버지,

저에게는 하나님께서 주신 특별한 마음이 있습니다. 초등학교 시절 부모님 직업란에 아버지를 '목사님'이라고 적을 때 저는 뿌듯한 자부심을 느꼈습니다. 어머니를 '선생님'이라고 쓸 때보다 훨씬 더 자랑스러웠습니다(어머니 죄송해요. 어머니도 당연히 자랑스러웠어요). 그것은 아버지가 세상에서 높은 지위에 있었기 때문이 아니었습니다. 그저 자식으로서 마음에서 진심으로 우러나오는 아버지에 대한 자부심 때문이었습니다.

아버지,

이제 저는 어떤 일을 하든지 잘 해낼 자신이 있습니다. 하나님의 말씀을 중심으로 한 기초 위에 아버지, 어머니의 개척정신이라는 큰 유산을 물려받았기 때문입니다. 아버지는 저희에게 늘 이렇게 말씀하셨습니다.

"목회는 아빠 혼자 하는 게 아니다. 가족이 모두 하나님의 부르심을 받아 함께하는 것이다. 그러니 너희도 같이해야 한다."

이 말씀이 편지를 쓰는 내내 제 마음을 울립니다.

아버지,

앞으로도 아버지의 그 목회에 함께하고 싶습니다. 그리고 그 정신이 저의 삶을 통해, 또한 저희 4남매를 통해 이어 가기를 원합니다. 아버지, 감사합니다. 그리고 사랑합니다.

큰아들 이레 올림.

아들의 편지를 읽는데 가슴이 뭉클했다. 고난을 통해 속 깊은 자식으로 키워 주신 하나님께 감사할 뿐이다. 같이하는 시간이 많지 않다 보니 자식이 이렇게 속이 깊어졌는지 몰랐다. 그저 아직도 어리다고만 생각했는데, 내가 모르는 사이 몸도 마음도 훌쩍 성장했다.

'가정을 살리는 목회'라고 무슨 특별한 비법이 있는 게 아니다.

내 자녀를 키운 경험을 교회교육에 접목시킨 것뿐이다. 우리 교회의 모든 교육과정은 우리 자녀들을 교육한 커리큘럼이다. 먼저 우리 자녀들을 데리고 '새신자 교육'을 했다. 그다음에 그 아이들이 예배자로 제대로 서야 하니까 '예배교육'을 했다. 그러고는 '성령세미나'를 했다. 성경말씀을 펴고 성령에 대해 가르쳐 주었다. 이 세미나를 통해 자녀들은 모두 성령을 경험했다.

아이들이 성령을 체험한 후에는 지혜롭게 말하는 사람이 되도록 '대화훈련'을 개설해서 참여시켰다. 그리고 '제자양육'을 했다. 그 과정에서 우리가 체험하고 실패한 것들을 교재 삼아 성도들을 가르쳤다. 우리는 아이들이 일정한 교육과정을 통과하면 수련회를 했다. 수련회를 하면서 아이들이 하나님을 만날 수 있도록 이끌어 주었다. 그렇게 자녀들을 키웠더니 이 아이들이 목회의 가장 귀한 동역자가 되어 주었고 부교역자 역할을 톡톡히 하고 있다.

큰아들은 '청년요셉부'의 간사로, 또 저녁 찬양예배의 찬양단 리더로 섬겼다. 둘째딸은 영어예배를 개설해서 영어예배 설교를 맡겼다. 설교는 내가 한 설교 본문을 영어로 바꾸어서 하게 했다. 첫째, 셋째, 넷째아들이 영어예배에서 찬양을 했다. 그리고 셋째는 청소년부 '마하나임 찬양단' 사역과 학생 교사를 했다. 막내는 공동체 리더를 맡았고 청소년 찬양 인도자로 헌신했다. 모두가 나의 동역자들이고 든든한 영혼의 동지들이다.

영혼을 살리는 개척

'한 영혼' 철학은 옥한흠 목사님의 '한 사람' 철학과 같다. 다만, 나에게 있어서는 청소년이 대상이라는 것이 차이가 있을 뿐이다. 나는 청소년도 장년과 똑같은 '한 사람'으로 보았다. 처음 개척했던 강동교회의 사명 선언문은 '믿지 않는 한 영혼을 전도하여 예수님의 제자로 세운다'였다.

최악의 열악한 상황 속에서도 기존 신자에게는 관심을 두지 않았다. 사명 선언문의 '믿지 않는 한 영혼'이란 말을 잊지 않으려고 애를 썼다. 물론 우리 교회가 큰 교회도 아니고 환경이 좋은 교회도 아니니 다른 교회의 성도가 이동해 올 일도 없었다. 하지만 나는 나의 초심을 지키려고 노력했다. 그러다 보니 더 힘이 들었다. 믿는 장년들이 와도 별로 반기지 않았고 떠나가도 관심을 두지 않았다. 그래서 더 청소년에 집중할 수 있었다. 나는 지금도 설교할 때 공개적으로 말한다.

"저희 교회는 권사나 장로나 항존직 직분자는 받지 않습니다."

또 교육은 단 한 사람만 남아도 끝까지 했다. 처음으로 시작한 성경공부가 '제자양육'이었다. 그때 스물세 명의 청소년들이 함께 출발했다. 청소년들은 말씀을 참 잘 배운다. 적어도 한달간은 빠지지 않고 교육을 잘 받는다. 그러나 시험 기간과 교육 시간이 겹치게 되면 결석생이 늘어난다. 그러다가 한두 명이 남는 시점이 온다. 나는 그래도 계속했다. 6개월 후 수료할 때 남은 아이는 단 한 명이었다. 그렇게 남은 그 한 명의 학생이 지금 우리 교회의 전도사로 사역하고 있다.

교육생이 단 한 명뿐이었을 때도 나는 그 한 명을 앉혀 놓고 아이들이 많았을 때와 똑같은 마음으로, 변함없는 자세로 교육했다. 그것은 내게 '한 영혼' 철학이 깊이 각인되어 있었기 때문이다. 그 후 새가족 교육도, 예배교육도 한 사람을 붙들고 끝까지 했다. 단 한 명을 대상으로 교육을 하면 배우는 사람이 오히려 미안해서 중간에 그만두려고 한다. "저 혼자인데 죄송해서 어쩌지요" 하며 몸 둘 바를 몰라했다. 그런 마음을 알고 있기에 나는 교육 전에 미리 이렇게 말한다.

"사탄은 혼자 교육 받는 것을 가장 싫어합니다. 왜냐하면 일대일 교육이 가장 능력이 있기 때문입니다. 그러니 미안해하지 말고 받으셔야 합니다."

그렇게 말을 해주면 교육생은 다소 편하게 교육을 받았다. 나는 이 말을 지금도 동일하게 한다. 교육뿐만이 아니다. 단 한 사람이 있어도 똑같이 예배를 드렸다. 단 한 사람만 있어도 평상시와 동일하게 기도회를 진행했다. 목장예배도 마찬가지다. 이 '동일함'은 죽기까지 계속 유지할 것이다.

‘한 영혼’ 철학은 끝없이 싸워야 하는 영적인 전쟁이었다. 교회가 부흥이 되면서 청소년들만 300여 명이 되었다. 아이들이 많으니 좋았다. 예배 드리는 것도 재미가 있었다. 목회하는 것도 재미가 있었다. 그런데 어느 날 나에게 문제가 있는 것을 발견했다. ‘한 사람’을 보지 않고 ‘무리’를 보고 있었던 것이다. 한 사람이 아니라 전체에 초점을 맞추고 있었던 것이다.

300명의 아이들을 한 명씩 바라보는 것과 한 무리의 아이들로 바라보는 것은 하늘과 땅 차이였다. 예배당에 사람이 꽉 차면 무조건 다 왔다고 생각했다. 분명히 오지 않은 아이가 있는데도 무리를 보느라 ‘한 사람’을 놓치고 있었다.

복지관에서 쫓겨났을 때 나는 나의 목회 자세를 점검했다. 그때 남아 있는 아이들을 보니 조금이라도 교육을 받은 아이들만 남아 있다는 사실을 발견하게 되었다. 그때부터 다시 ‘한 사람’을 소중히 여기는 마음으로 되돌아갈 수 있었다. 사람의 수에 속지 않고 한 사람, 한 사람에게 집중했다. 그랬더니 교회가 교회다워졌다. 청소년들이 자라서 개미군단이 되었고 함께 교회를 건축하게 되었다. 한 사람, 한 영혼을 놓치지 않는 일, 그것이 바로 영혼을 살리는 개척이다.

청소년 목회의 저력

사람들은 대개 탈선을 했다가 다시 돌아온 사람들의 간증에 큰 은혜를 받는다. 너무 감동적이라고 말한다. 그런데 나는 그런 간증을 들을 때마다 은혜를 받기보다는 의구심이 더 많이 들었다.

'과연 저렇게 잘못 살다가 와야만 예수님을 잘 믿을 수 있는 것인가? 탈선하지 않고 지속적으로 성장할 수 있는 은혜는 없는 것인가?'

이런 의구심 때문에 나는 간증을 좋아하지도 않고 은혜를 누리지도 못한다. 이런 나의 말은 교만하게 들릴 수도 있겠지만, 나는 예수님을 믿기 전이나 믿은 후에도 눈에 보이는 큰 죄를 범한 경험이 없다. 모태신앙인으로 착실하다는 말을 듣고 살았고 인격적으로 예수님을 영접한 후에도 예수님의 사랑에 사로잡혀 딴 길로 가 본 적이 없었다.

하지만 이렇게 말하면 오해를 불러일으킬 수도 있겠다. 내 말은 큰 죄를 범한 경험이 없다고 해서 내게 죄가 없다는 말이 아니다. 나 역시 죄 때문에 고민한다. 아니, 나는 다른 사람들보다 더 많은 죄로 신음하고 괴로워한다. 하나님을 온전히 신뢰하지 못하는 죄, 하나님의 뜻을 온전히 따르지 못하는 죄, 온전히 하나님과 함께하지 못하도록 장애물이 되는 '내 안의 나' 때문에 괴롭다. 하나님의 마음과 너무 멀리 떨어져 있는 나 때문에 괴롭다. 주님께 가까이 다가가면 갈수록 나의 악이 너무 크게 느껴져서 괴롭다. 주님의 사랑을 맛보았으면서도 주님의 사랑에 미치지 못하는 내가 괴롭다. 내 안에 있는 위선적인 나 때문에 괴롭다. 나를 통해 선포되는 하나님의 전능하신 말씀대로 살지 못하는 또 다른 내가 있어 괴롭다.

그런데 이런 괴로움 속에서 큰 깨달음이 있었다. 그것은 악을 많이 경험하지 않은 자만이 누릴 수 있는 복이 있다는 것이다. 악을 경험하지 않을수록 능력이 생긴다는 것을 깨닫게 되었다. 어려서부터 워낙 가난하고 궁핍해서 누리지 못하고 경험하지 못한 것들이 많았지만, 그것이 능력이 되는 날이 오리라고는 생각하지 못했다. 그런데 목회자의 길을 가면서 하나님은 나에게 경험하지 않은 자만이 누릴 수 있는 능력을 경험하게 하실 때가 많았다.

하루는 청소년들을 가르치다가 충격적인 말을 들었다. 선배들에게 후배들을 가르치라고 했는데, 선배들은 자신들이 잘못 살았던 지난날들을 고백하며 후배들에게 바르게 살자고 권유했다. 그런데 반발하는 녀석이 있었다.

"형들은 하고 싶은 것 다 했으면서 왜 우리에게만 하지 말라고 하는 거예요? 우리도 형들처럼 하고 싶은 대로 살다가 예수님 믿어도 되잖아요?"

워낙 열악한 환경에서 자란 녀석들이라 탈선 자체가 생활이었다. 그런 녀석들이 예수님을 만나 과거의 악에서 떠나 바르게 살게 되었다. 그리고 그런 경험을 토대로 바르게 살아야 한다는 것을 강조한 것인데, 오히려 먹혀 들어가지 않았다. 옳은 가르침을 전해도 가르치는 자의 과거가 그 가르침의 전달을 방해했다.

과거의 삶이 어떠했느냐가 무서운 영향력을 미쳤다. 나는 그날 이런 진실을 피부로 절감했다. 그후 나는 우리 교회 청소년과 청년들에게 더 강하게 가르치고 더 강하게 선포했다.

"경험하지 않은 자의 능력을 경험하라."

이 정신이 청소년 교회 안에 흐르는 거룩과 순결의 메시지가 되었고, 이것이 바로 청소년 목회의 힘이 되었다.

심은 대로 열매 맺지 않는 목회

내 목회는 '무시당하는 목회'였다. 아이들만 데리고 목회를 하다 보니, 별별 소리를 다 들었다.

"그게 교회냐?"

"코흘리개들을 데리고도 목회가 되냐?"

"연보가 없는데 교회가 일어설 수 있겠냐?"

"그 교회는 온통 아이들뿐이라 어른은 갈 곳이 못 된다."

청소년 목회 자체가 핍박과 조롱의 대상이 되었다. 게다가 믿음

생활을 갓 시작한 청소년들은 너무도 쉽게 교회를 떠나 버렸다. 300여 명에 이르던 아이들이 교회 건물이 없어지자 마치 공중분해라도 되듯이 허공으로 사라져 버렸다. 그런 현실 앞에서 나는 그동안 사람들이 내게 보냈던 조롱과 비아냥이 진리처럼 느껴지기 시작했다. 생각보다 아주 큰소리로 마음을 두드렸다. 들었던 말들이 마음에서 떠나지 않아 몹시 괴로웠다.

'내가 사람을 너무 의지했나? 내가 지금 무슨 짓을 하고 있는 것인가? 나보다 못난 사람들도 훨씬 목회를 잘하는데…. 그동안 헛된 생각 속에서 목회한 것은 아닌가? 청소년만 가지고는 정말 안 되는 것인가?'

내가 만든 생각들이 끝없이 나를 괴롭히는 흉기가 되었다. 생각의 주먹에 쉼 없이 난타당하며 점점 절망 속으로 침몰하고 있었다. 하나님 앞에 무릎을 꿇고 기도하면 '아니다, 다시 시작할 수 있다'라는 생각이 들었지만, 기도를 마치고 눈을 뜨는 순간 나는 다시 '아니다, 할 수 없다'라는 심연 속으로 가라앉곤 했다.

그런 좌절감 속에서 간신히 일어나 교회를 어느 정도 부흥시켰을 때도 절망감은 기회만 생기면 나를 공격했다. 장년들이 꽤 많이 자리를 차지하고 있는 것 같다가도 어느새 보면 빈자리가 휑하니 드러났다. 목회는 사다리 타듯 오르락내리락 하는 과정을 반복했다. '왜 이렇게 안 될까?', '왜 성장한 사람들이 더 배신을 하는 것

일까?'

　정말 희한한 일이었다. 애착을 품고 키운 사람일수록 쉽게 떠나갔다. 애지중지 키운 사람이 떠나면 나는 마음을 회복하느라 오랜 진통의 시간을 보내야 했다. 5-6년을 붙들고 자식같이 키웠어도 떠날 때가 되면 뒤도 돌아보지 않고 떠났다. 신뢰한 사람일수록 더 배신을 했다. 하나님만 믿고 사람을 믿지 않겠다고 부단히 다짐을 하고 애도 써 보지만 어떻게 사람이 사람을 안 믿을 수 있겠는가? 결국은 또 믿게 된다.

　한번은 이런 일이 있었다. 새신자들을 정착시키고 세상적인 가치관을 빼내느라 목회에 진액을 쏟고 있었다. 그런데 목사도 모르는 사이에 교회 안에 '술 팀'이 생긴 것이다. 60대 중반의 양조장 사장이 교회에 들어왔는데 순수하고 성품이 좋았다. 그러다 보니 사람들이 그를 따랐다. 그가 처음 우리 교회에 왔을 때 사람이 얼마나 신실한지 말씀에 은혜를 받으며 눈물로 살았다. 말씀대로 순종했고 새가족 교육과 성장교육(예배교육)을 단숨에 받고 세례까지 받았다. 새신자가 세례를 받기도 전부터 십일조를 했다. 십일조 액수만도 100만 원 단위가 넘었다. '저렇게 믿음이 성장하면 양조장 사업도 곧 그만두겠다'라는 생각이 들 정도로 믿음이 신실하게 성장하는 것이었다. 나는 그를 신뢰했다.

　그런데 교회에 새신자들이 많고 중직자나 영향력을 끼칠 만한 장년이 많지 않다 보니 성품이 좋은 그 사람에게 세상과 적당히 타협하는 '양다리 신앙인'들이 척척 달라붙었다. 그는 마치 블랙홀 같았다. 사람들을 자기 주변에 몰고 다녔다. 양조장 사장을 중심으로 예배 후 뒤풀이 모임이 생기더니 드디어 술자리 모임으로까지 발전했다. 이 사람 저 사람 마구 빨려들어 가는데 대책이 서질 않았다. 목사의 마음은 새까맣게 타들어 갔다.

하지만 나는 그 사람과 타협하지 않았다. 설사 그가 몇 백만 원을 헌금한다 하더라도 그에게 직분을 주지 않았다. 그가 하나님께 헌금한 것이지 목사에게 헌금한 것이 아니지 않은가? 결국 '술팀' 멤버들은 다 교회를 나갔다. 그들은 교회를 떠나면서 이렇게 말했다고 한다.

"형님이 나가면 '꿈이있는교회'의 재정이 흔들릴 것이다."

하지만 나는 끝까지 타협하지 않았다. 성경적 원리에 충실할수록 열매는 많지 않았다. 목회는 결코 심은 대로 나지 않았다. 그래도 나는 흔들리지 않았다. 세상 말로 '간이 부은 목회'를 했다. 청소년들과 힘들게 세워 온 교회의 기초를 물질 때문에 흔들리게 할 수는 없었다.

목회의 현실은 냉정했다. 기쁨으로 씨를 뿌리면 기쁨의 열매가 맺혀야 하는데 슬픔과 아픔의 눈물만 돌아왔다. 땀을 흘려 목회하면 핏방울이 맺히는 결과로 돌아왔다. 목회는 심은 대로 열매 맺지 않는다. 자연의 원리와는 다른 그 무엇이 존재한다. 정말 그랬다.

나는 시간이 지나면서 '목회는 인삼 농사와 같다'라고 생각하게 되었다. 어렸을 때 강화도 우리 마을에서는 인삼 재배를 많이 했다. 인삼을 키우던 어른들은 종종 "인삼이 많이 나갔다"라는 말씀을 하셨다. 인삼을 심고 정성을 다해 가꾸었는데도 많은 인삼이 썩어서 흔적도 없이 사라졌다는 말이다. 그런데도 부지런한 농부는 남은 인삼들을 다시 돌보고 가꿨다. 그렇게 3-5년을 키워서 팔면 남아 있는 인삼의 수입만으로도 다른 어떤 농사의 수입을 웃돌 정도가 된다. 그런 기대가 있기 때문에 농부들은 인삼이 많이 썩어 버리게 되더라도 낙심하지 않고 다시 인삼 농사를 지었다.

목회가 바로 그러한 인삼 농사를 닮았다. 정성을 다해서 키우는데도 녹아 없어지는 사람이 많다. 그러한 사실을 깨달은 후에는 '인삼 농부'와 같은 마음으로 목회를 한다. 예수님의 목회 역시 그랬다는 사실을 깨닫는 데 무려 10여 년의 세월이 걸렸다.

목회는 결코 심은 대로 열매 맺지 않는다.

청소년이 꿈이다

청소년은 우리의 위대한 미래이다. 이것이 진실이다. 청소년들이 하나님의 말씀 안에서 '꿈'을 먹고 자라지 않는 한 한국교회의 미래는 밝을 수 없다. 그래서 나는 청소년들이 교회의 중심에 있어야 한다고 생각한다. 교회의 생사가 청소년에게 달려 있기 때문이다.

아동부에서 철없이 생활하던 아이들이 청소년부에 올라오면 곁길로 새기가 아주 쉽다. 청소년기는 정신적으로, 육체적으로 위험한 시기다. 감정의 기복도 심하고 자신의 정체성을 확립해 가는 시기이기 때문에 이때 예수님을 구체적으로 경험하지 못하면 순식간에 하나님을 떠날 수 있다. 동시에 가장 뜨겁고 순수하게 하나님을 만나는 시기이기도 하다. 그래서 청소년들은 정말 세심하게 보살피고 이끌어 줘야 한다.

많은 장년들이 방황하다가 뒤늦게 교회로 되돌아오는 것도 바로 청소년기 때 교회를 다녔거나 예수님을 경험했기 때문이다. 청소년기에 믿음이 바로 서지 않으면 건강한 청년부는 세워지지 않는다. 청년부를 따로 세우려고 몸부림치지 않아도 청소년기에 성령을 경험하게 하고 말씀으로 교육하면 청년부는 자연스럽게 세워진다.

부교역자 시절 내가 섬겼던 청소년부가 부흥하고 깨어나자 자연스럽게 청년 1부, 2부가 탄생되었다. 이로 인해 교회에 새로운 변화가 일어나는 것을 경험했고 지금도 동일한 경험을 하고 있다. 신앙생활을 잘하는 장년이나 목회자가 된 사람들을 만나 "믿음의 시작이 언제였는가?" 하고 물어보면 거의 대부분이 청소년기에 하나님을 믿게 되었다고 말한다. 이처럼 한 인간의 인생에서 가장 중요한 시기가 청소년기인데 목회의 초점이 청소년들에게 맞추어지지 않는다면 과연 건강한 청년부, 건강한 장년부를 기대할 수 있을까?

나는 한국교회가 좀 더 청소년들에게 목회적 관심을 쏟고 투자해야 한다고 생각한다. 교회의 재정적인 투자의 방향이 청소년들에게 맞춰져야 한다고 생각한다. 청소년을 사랑하는 지도자를 만드는 데 재정을 투자해야 한다. 영적인 매력을 지닌 능력 있는 전도사를 세우는 데 교회의 역량을 쏟아야 한다. 그래야 청소년들이 자랄 수 있다.

일반 기업체들도 미래의 인재를 키우는 데 얼마나 많은 관심과 재정을 투자하고 있는가? 영리를 목적으로 운영되는 일반 기업체들도 이런데 하나님의 나라를 건설하는 교회가 이런 부분을 소홀히한다면 어떻게 인재가 나올 수 있으며 하나님 앞에 제대로 설 수 있겠는가? 교회도 인재 발굴에 관심을 기울여야 하고 청소년들의 영적인 능력을 배양할 수 있는 사람에게 집중 투자를 해야 한다. 그럼에도 불구하고 한국교회에는 청소년을 키울 수 있는 전문적인 사역자가 많이 나오지 않는다. 왜 그럴까? 청소년 목회는 '배고픈 목회'이기 때문이다. 그야말로 앞날이 보이지 않는 목회이기 때문이다. 최저생활도 보장되지 않는 목회이기 때문이다. 무시당하는 목회이기 때문이다.

대부분의 교회에서 청소년 부서의 담당자는 교육전도사들이다. 이들이 전임 사역자가 되면 청소년 사역은 곧바로 뒤로 밀려난다. 그리고 장년 사역이 주 사역이 된다. 이것이 한국교회의 현주소이다. 담임 목회자가 거시적인 안목을 가지고 청소년 사역에 열정을 쏟지 않고는 희망이 없다. 생명을 걸고 청소년들을 양육할 수 있는 목회자를 키워야 한다. 청소년부의 활동이나 교육을 위해 위탁을 하거나 강사를 초빙하는 데 돈을 쏟아붓는 것도 중요하지만 청소년을 사랑하는 '지도자'를 만드는 데 더 많은 물질을 지원해야 한다.

청소년들을 교육할 때는 영적인 매력을 가진 지도자가 필요하다. 그러나 영적인 매력을 가진 지도자는 저절로 굴러 들어오지 않는다. 지도자를 키워 내야만 청소년들을 키울 수 있다. 그래서 우리 교회는 교역자를 키운다. 멀고도 험한 길이지만 목회자를 키우며 목회를 한다.

우리 교회에서 1세대로 자란 청년 교역자가 열정적으로 청소년 교육을 담당하고 있다. 또 자녀 중 한 명이 아비의 뒤를 따라 청소년 사역에 미쳐 가고 있다. 청년부를 맡고 있는 담당 교역자도 우리 교회에 와서 하나님의 부르심을 받아 청년 목회자의 길을 가고 있다.

청소년은 우리나라의 희망이며 한국교회의 미래이다. 우리 청소년들이 믿음 안에서 영적으로, 육적으로 되살아나고 회복되어야만 한국교회에 새로운 희망이 보일 것이다.

청소년이 우리의 꿈이다!

꿈이있는교회의
교육과정

교육과정을 만들 때는 교육의 중심을 어디에 두느냐가 대단히 중요하다. 우리 교회의 교육 과정은 새신자가 교회에 왔을 때를 중심으로 만들었다. 교회의 사명 선언문도 "믿지 않는 한 영혼을 전도하여 예수님의 제자로 세운다"였기 때문에 교육 과정을 만들 때도 "믿지 않는 사람이 교회에 왔을 때 가장 필요한 것이 무엇인가?"라는 질문에서 시작했다.

전도를 통해 신앙이 없는 사람이 처음으로 교회에 왔을 때 가장 원하는 것은 무엇인가? 이 질문을 가지고 사람들을 만나다 보니 "믿고는 싶지만 믿어지지 않는다"라고 대답하는 사람들이 가장 많았다. 특히 아내는 신앙을 가지고 있는데 남편은 신앙이 없는 경우, 남편들의 한결같은 반응은 "도대체 믿어지지가 않는데 어떻게 믿으라는 것이냐?"라는 것이었다.

나는 이 부분을 놓고 많이 고민했다. 그래서 만든 것이 '성령 세미나'라는 교육 과정이다.

1. 성령 세미나

성령 세미나는 말 그대로 성령님을 경험하는 세미나다. 성경말씀을 일일이 찾으며 성령에 대해 알아본다. 10주 동안 소그룹으로 함께 식사도 하며 말씀을 통해 성령에 대해 구체적으로 배우는 시간이다. 또한 믿음의 기초가 되는 예수님에 대해, 성경에 대해, 하나님의 인도에 대해 배운다. 전도와 치유와 교회에 대해서도 배운다. 새 신자들에게는 이런 부분이 반드시 필요하다.

2. 새가족 교육

성령 세미나를 통해 새가족들이 예수님을 믿게 되면 다음과 같은 질문을 한다.

"예수님을 어떻게 믿어야 잘 믿는 것입니까?"

이 질문에 대한 답으로 '새가족 교육'을 반드시 받아야 한다고 가르친다. 그러면 새가족들은 거부감 없이 교육을 받는다. 특히 나는 이 부분을 예배 때마다 강조한다. "우리 교회에 등록하신 분은 '꿈이 있는 새가족 교육'을 반드시 받아야 합니다. 이것은 필수교육입니다." 이렇게 강하게 인식을 시키면 대부분의 새가족들이 교육을 받는다.

3. 성장교육(예배교육)

신앙생활을 시작한 새가족들이 가장 많이 질문하는 내용 가운데 또 하나는 "예배를 어떻게 드려야 합니까?"라는 것이다. 그래서 만든 것이 '성장교육'이다. 이 성장교육은 예배교육이다. 예배와 관련된 모든 것을 7주간에 걸쳐 구체적으로 가르친다. 교육의 내용은 제1과 예배의 목적, 제2과 예배 시 찬양, 제3과 기도, 제4과 설교, 제5과 헌금, 제6과 성찬과 세례, 제7과 예배 자세이다.

성장교육은 대단히 중요하다. 이 교육을 통해 모든 성도가 바른 예배자로, 경건한 예배자로 성장하고 있다.

4. 성경통독

예배교육까지 받으면 성경통독으로 넘어간다. 성경일독을 해야 세례를 받을 수 있기 때문에 성경의 필요성에 대해 가르치고 성경통독을 하도록 권유한다. 성경통독을 하면 기념패를 주고 전 교인이 축하해 준다.

5. 성경대학

성경통독까지 마치게 되면 자연스럽게 성경의 내용에 대한 궁금증이 커지게 된다. 성경을 더 자세히 알 수 있도록 이 과정으로 안내한다.

6. 제자양육

성경대학까지 마치면 제자양육을 진행한다. 준 제자훈련 과정이다. 제자훈련을 잘 받을 수 있도록 제자훈련과 거의 동일한 방법으로 삶의 훈련을 겸하여 교육한다. 필독서를 읽게 하고 생활훈련 과제를 제시하며 소그룹으로 6개월간 진행한다.

7. 제자훈련

제자양육을 마친 사람들 가운데 리더로 쓰임 받을 만한 사람들을
담임목사가 택하여 제자훈련을 시킨다.

8. 사역훈련

제자훈련을 마친 사람들을 대상으로 사역훈련을 시킨다. 제자훈련
과 사역훈련을 통해 리더로 준비가 되면 이제 사역이 가능해진다.
제자훈련 없는 다른 양육은 있을 수 없다. 제자훈련은 방법이나 기
교가 아니라 성경의 원리이기 때문이다.

9. 119 대화훈련

위의 교육들은 단계적으로 이루어지는 교육이다. 그러나 '119 대화
훈련'은 앞의 교육 단계들과는 상관없이 누구나 받을 수 있고 성도
들이 좋아하는 훈련이기도 하다. '말'은 교회를 아름답고 건강하게
만드는 중요한 요소이다. '말' 때문에 교회에 여러 가지 어려움들이
발생하고 상처받는 사람들이 많아진다. 그래서 만든 것이 119 대화
훈련이다. 생활 속에서 위기 때마다 지혜롭게 말하는 훈련을 통해
위기를 넘기고 자녀들과의 관계도 회복할 수 있는 중요한 교육이다.

아동부와 청소년부를 위한

특   별   과   정

1. 아동부 공동체

학교에서 수업을 마친 아이들이 오후 3시까지 교회로 온다. 담당 전도사가 아이들을 맞이해서 신앙교육을 한다. 교육내용은 성경 말씀 읽기, 큰소리로 읽기, 큐티, 말하기, 대화훈련, 강단에서 발표하기, 책 읽고 정리하기, 글쓰기, 예절교육 등으로, 아이들이 인격과 신앙 그리고 지성을 겸비한 그리스도인이 될 수 있도록 돕는다.

2. 자습 공동체

개척 시절 훈련했던 '함께 공동체'의 정신을 살려 전도사와 청년 교사들이 방학 동안에 아이들과 함께 모여 계획을 세우고 시간 관리를 하며 스스로 공부할 수 있도록 돕는다. 서로 가르쳐 주기도 하고 스스로 공부하는 공동체를 형성하는 게 목표다. 믿음 안에서 서로 도전을 주며 공부할 수 있도록 유도한다.

3. 함께 공동체

공동체를 통해 성장한 사역자가 영어, 수학을 가르치고 함께 생활하는 공동체이다. 공동체실에서 함께 공부하고 생활교육을 받는다. 시간이 되어 일정을 모두 마치면 목사님 집에 와서 함께 잔다. 새벽에 일어나 예배를 드리고 교육을 받은 후 학교로 간다. 방학 동안에는 신앙과 지성이 겸비된 신앙인으로 키우기 위해 강한 훈련을 한다.

4. 비전트립 겸 단기선교

선교훈련은 외부교회와 함께하지 않고 자체적으로 했다. 카자흐스탄 선교, 일본 선교, 인도 선교를 통해 세계를 품은 청년으로 키웠다.

5. 성결고백

청소년 목회는 이성교제와의 전쟁이다. 이 문제가 잘 풀리지 않으면 벽에 부딪힌다. 많은 어려움이 있었지만, 순결교육을 병행했기 때문에 청소년들이 순결한 신랑, 신부로 성장할 수 있었다.

6. 수련회

청소년 목회에서 수련회는 너무도 중요하다. 그러나 언제부터인지는 모르지만 모든 한국교회가 위탁 수련회를 하고 있다. 나도 딱 한 번 아이들을 위탁 수련회에 보내 보았다. 그런데 결과는 좋지 않았다. 일시적으로는 은혜를 많이 받았다고 하지만 오히려 이성에 대한 관심만 더 커져서 오고, 수련회에 참석한 아이들끼리 서로 연락이 이어지면서 문제가 계속 발생되는 것을 볼 수 있었다.

수련회는 담임목사가 하나님 앞에서 영의 자녀를 낳을 수 있는 최고의 기회이다. 참가자 숫자가 많고적음은 전혀 문제가 되지 않는다. 나는 참가자가 열 명이었을 때도, 스무 명이었을 때도 수련회를 포기하지 않았다. 수련회에서는 말씀을 통해 담임목사와 아이들이 만난다. 목회자가 무릎 꿇고 기도하며 준비하고 애를 쓰면 반드시 하나님께서 일하시는 것을 경험했다.

하나님을 만나게 하는 청소년 수련회의 비결

'왜 청소년 수련회를 위탁하는 것일까? 하나님께서 나에게 주신 영혼들인데, 나를 통하여 예수님을 만날 수 있도록 맡겨 주셨는데 왜 다른 사람들에게 위탁해서 키우려 하는 것일까?' 청소년들을 대상으로 목회하며 나는 이런 질문을 종종 하게 되었다. 그러면서 알게 된 사실은 담임목사 대부분이 어떻게 수련회를 해야 할지 엄두를 내지 못하고 있다는 것이다. 별 생각 없이 위탁 수련회에 보내는 것을 당연하게 생각하고 있는 분들도 있었다.

나는 청소년들이 자신이 다니는 교회에서 담임목사를 통해 예수님을 경험하지 않으면 그 교회의 미래는 기대하기 어렵다고 생각한다. 자신이 출석하는 교회 안에서 예수님을 경험하면 그 교회가 믿음의 고향이 되지만, 그렇지 못하면 믿음의 고향을 다른 곳에 두고 살게 된다. 결국 그런 교회는 1세대에서 부흥이 멈추게 되며 하나님의 역사는 사라지고 교회는 능력을 잃게 된다. 지금 사람이 많아도 내일을 기대할 수 없는 교회가 되는 것이다.

그래서 청소년 수련회는 교회의 사활이 달려 있는 것으로 인식하고 생명을 걸고 기도하며 준비했다. 하나님이 나에게 어린 영혼들을 주셔서 나를 통해 하나님을 만날 수 있도록 하셨다는 것을 믿고 기도하며 수련회를 준비하면 하나님은 반드시 청소년들에게 기적과 같은 역사를 일으켜 주셨다.

수련회 준비 방법

기도하며 구체적으로 2박 3일 또는 3박 4일의 일정표를 만든다. 주제에 맞추어 일정표를 만들어 간다. 하나의 주제에 모든 프로그램을 집중한다. '하나님의 사랑'을 주제로 잡았을 때, 그 주제는 자연스럽게 예수님의 십자가 사랑에 초점을 맞춘다. 십자가 사랑을 알게 하고 성령님의 은혜를 구하게 한다. 이런 패턴을 가지고 준비한다.

수련회 일정에서 가장 중요한 프로그램은 설교와 성경공부이다. 주제에 맞추어서 성경공부 교안 본문을 선택하고 귀납적인 방법으로 문항을 만드는 것이 좋다. 성경 본문을 귀납적인 방법으로 연구하여 연역적인 방법으로 설교했다. 이 방법이 새신자들에게는 더 좋은 결과를 낳는 것을 경험했다.

성경공부는 2박 3일을 기준으로 할 때 세 번 정도 하는 것이 좋다. 설교는 저녁에 두 번의 집회를 통해 선포하는 것이 좋다. 공동체 프로그램은 두 번에 걸쳐 실시한다. 모두 참여하여 공동으로 작업하여 발표하게 하는 방법이 좋다. 발표도 한 아이가 하는 것보다 모두 나와서 같이하는 방법이 좋다.

레크리에이션은 두 번 정도 하면 좋다. 특정한 아이들이 빛나도록 하는 게임을 피한다. 모두 참여할 수 있고 모두 행복해하는 게임을 선택해야 한다. 남자 중심의 축구 경기 같은 종류를 피하고 남녀가 모두 즐길 수 있는 게임을 선택한다.

2박 3일 일정을 기준으로 위에서 언급한 내용을 소화하는 프로그램이면 충분했다. 소개할 수 있는 프로그램이 많지만 우리교회 아이들이 가장 좋아하는 프로그램은 조별 음식 경연대회이다. 조별로 음식을 만들어 시상을 하고 그것으로 점심식사를 하는 프로그램이다. 이 프로그램을 위해 조가 편성되면 아이들은 수련회를 가기 전부터 몰래 요리대회를 준비한다. 이 프로그램은 떡볶이 목회의 여운을 이어가고 있는 전통이다.

교역자는 일정표를 만들고 아이들은 각 프로그램들을 두 달 전부터 준비하도록 분위기를 조성해 간다.

교역자는 설교와 성경공부 교안을 만드는 일에 집중하고, 교사들은 공동체 훈련 프로그램을 준비하고, 청소년들은 나머지 레크리에이션을 준비하도록 한다.

수련회 준비에서 가장 중요한 것은 목회자가 일정표를 철저하게 묵상하는 것이다. 첫날부터 마지막 마침예배까지 순서에 따라 프로그램을 진행하고 인도하는 것을 수십 번 철저하게 반복하여 묵상하는 것이다. 이렇게 프로그램을 반복해서 묵상할 때 성령님께서 어떻게 수련회를 인도해야 할지 가르쳐 주신다.

수련회장에서

교역자는 교사들을 기도로 무장시켜야 한다. 즉, 기도하는 교사들이 필요하다. 사역을 하기 전과 마친 후에는 반드시 모여서 기도한다. 어떤 일을 하든지 모여서 먼저 기도해야 한다. 그렇게 기도하는 분위기가 조성되면 교사들은 수련회가 영적인 사역임을 인식하게 된다.

교사들이 기도하는 시간에는 조장을 중심으로 아이들이 다음에 해야 할 일들을 하기 시작한다. 조장에게 지시를 하면 처음에는 잘 되지 않으나 시간이 지나면 아이들이 자발적으로 움직이게 된다.

교역자와 교사들이 간절하게 기도하면 비로소 진실로 아이들을 품게 되고 수련회를 통해 아이들이 변화되기를 간절히 원하게 된다. 수련회가 자기 반 아이들의 생사가 걸린 영적 전쟁이라는 것을 인식한다. 이 사실을 인식하면, 수련회를 통해 자신이 맡은 학생들을 하나님께서 만나 주시고 변화시켜 주리라는 확신이 든다.

수련회를 통해 학생들이 변화될 뿐 아니라 자신들 역시 변화된다는 것, 그리고 하나님이 목사님을 통해 아이들에게 역사하실 것이라는 확신이 들 때부터 하나님의 역사가 나타나기 시작한다.

이때부터 아이들에게도 서서히 영적인 변화들이 일어나기 시작한다. 스스로 밥을 하고 섬기기 시작한다. 교사가 없어도 기도회가 조장 중심으로 자발적으로 이루어진다. 집회시간에는 먼저 와서 앞

자리를 차지한다. 아이들이 하나님을 사모하기 시작한다.

수련회를 통해 하나님이 일하시는 것을 체험하면 목회를 하며 가장 힘들다고 느꼈던 부분에서 영적인 기쁨을 누리게 된다.

제자훈련 모델교회 시리즈는 제자훈련 목회철학으로 척박한 환경을 극복한 교회들의 성장 스토리입니다. 다양한 목회현장에 제자훈련을 접목하기 원하는 교회와 사역자들에게 실제적인 도움과 격려를 주기 위해 기획되었습니다. 시리즈 로고는 교회와 파도의 이미지를 결합하여 예수의 제자로 가득 찬 역동적인 교회의 모습을 형상화 하였습니다.

내일을 키우는 교회

제자훈련 모델교회 시리즈01 _청주 꿈이있는교회

초판 1쇄 인쇄 2012년 10월 25일
초판 1쇄 발행 2012년 10월 30일

지은이 반기성
펴낸이 오정현
펴낸곳 도서출판 국제제자훈련원

기획책임 김명호　**편집책임** 옥성호
취재구성 김지홍　**편집** 조지혜　**디자인** 이은교
마케팅 김겸성 송상헌 박형은 심요한 오주영 김미정

등록 제22-1240호(1997년 12월 5일)
주소 (137-865)서울시 서초구 서초1동 1443-26
e-mail dmipress@sarang.org　**홈페이지** www.discipleN.com
전화 (02)3489-4300　**팩스** (02)3489-4309

Copyright ⓒ 반기성, 2012, *Printed in Korea*
ISBN 978-89-5731-593-4 03230

※ 책값은 뒤표지에 있습니다. 잘못된 책은 구입하신 곳에서 교환해 드립니다.

국제제자훈련원은 건강한 교회를 꿈꾸는 목회의 동반자로서 제자 삼는 사역을 중심으로 성경적 목회 모델을 제시함으로 세계 교회를 섬기는 전문 사역 기관입니다.